外国人と15分以上話がとぎれない英会話レッスン

コペル英会話教室 校長
イムラン・スィディキ

購入特典

購入された方には、もれなく
イムラン先生から英語の発音のコツがわかる!
無料ダウンロード動画をプレゼント

詳しくは下記ホームページにて

http://imran-tokyo.wixsite.com/15min

パスワード imran15fungogo

はじめに

こんにちは、イムランです。

この本は外国人と対面すると、会話が1分も持たない、単語しか出てこない、すぐに沈黙になってしまうという方のために書きました。巷には、英語がスラスラ出てくる、すぐにペラペラ話せるようになると謳う本や教材がたくさんあります。この本はあくまでも、「まずは15分間話す」ということを目標にする方のための本となっています。

15分と言うと、短いようでけっこう長いです。外国人との会話や英会話スクールの先生との会話で沈黙を経験したことがある方はよくご存知だと思いますが、10秒の沈黙さえも永遠に感じますよね。

しかし、一度15分話せるようになれば、あとは話題を変えたりしながら話せば、30分、45分は簡単です。そしてその延長線上に60分、120分、180分とドンドン長く話せるようになってくるわけです。

15分を笑う者は15分に泣く。15分だからと言ってバカにせず、まずは15分話せる会話力を確立しましょう。

さて、ここで確認しなければいけないことがあります。この本はどういう本なのか、あなたはちゃんとわかって手

にしていますか？
　では確認です。この本は「読むと外国人と15分間話せるようになる本」ではありません。

　この本は「外国人と15分間話すために何をすればいいのか、その方法が書かれている本」です。

　読むだけで、何かができるようになればそれに越したことはありません。でも、そんな本あるわけありませんよね。
　たとえば、あなたの会社の後輩が「先輩、聞いてくださいよ。読むだけでプレゼンが超上手になる本を読んだので、今日からすべてのプレゼンは私に任せてください！」と言ってきたらどうしますか？　会社の明暗がかかっているプレゼンを含めて、今日からすべてのプレゼンを任せますか？　絶対に任せませんよね。
　そう、あなたはわかっているのです。本を読むだけではできるようになるわけがないって。

　この本には、外国人と話をつづけるために「どうすればいいか」をこと細かく書いています。
　しかし、「読むだけ」では何も変わりません。1つずつしっかりと行動に移していただければ、読み終わる頃にはどうすれば外国人と15分間話せるようになるのかがわか

ります。

　そして、ほんの少しの準備でおそらく15分程度なら話せるようになっているはずです。「読むだけ」ではなく、書かれていることを「実践」して、しっかりとこの本のエッセンスを身につけてください。

イムラン

CONTENTS

はじめに ... 3

第1章 話がとぎれない英会話レッスン 《マナー編》

1. アイコンタクトで話したい意志を伝えよう！ ... 13
2. 発音がヘタでも好印象を与える方法 ... 14
3. はっきり断言することが、外国人へのマナー ... 17
4. 話しやすくなる相づちのバリエーション ... 19
5. 相手の質問を待たずに話そう ... 22
6. 質問のポイントは最後のワンセンテンス！ ... 25
7. ふつうの質問が、失礼になるのはこんなとき ... 30
8. 冗談が言えると、もっと盛り上がる！ ... 34

第2章 話がとぎれない英会話レッスン
《テクニック編》

1. 相手に質問されているつもりで話そう ―― 41
2. 自分の気持ちを具体的に表現しよう ―― 49
3. 結論を先に話そう ―― 56
4. プラスひとことで会話をはずませよう ―― 63
5. 話す量が自然と増える3つの順番 ―― 67
6. 自然な話しかけ方、話への入り方 ―― 71
7. 相手が話しやすい「会話の終わり方」 ―― 76
8. 「トピック・マトリックス」で話すネタを見つけよう ―― 79
9. 沈黙がおとずれたら、こうしよう！ ―― 83
10. 連絡先はこうやって聞こう！ ―― 86

第3章 「話せない」「話すことがない」がなくなる英語の勉強のコツ

- コツ1 英語を学ぶ理由をはっきりさせよう　91
- コツ2 「達成レベル」を決めよう　94
- コツ3 いつまでに達成するか決めよう　96
- コツ4 どうやって英語を話せるようにするか決めよう　98
- コツ5 "勉強する"意識よりも"触れる"気持ちでやってみよう　101
- コツ6 自分に身近なテーマをとりあげた教材を選ぶ　105
- コツ7 完璧さより、何を話したいかを重視する　110
- コツ8 話したいトピックを少しずつ増やす　113
- コツ9 やる気のあるときだけ集中してやる　116
- コツ10 アウトプットしながら「インプット」する　119

第4章 もう文法で迷わない！話すための中学英語の復習

1 ネイティブは文法をこう考えている ……… 125

2 この「時制」だけで英語はほとんど伝わる！ ……… 130

3 シチュエーションを意識して使うことが大切 ……… 133

復習1 現在形の使い方 ……… 138
直後の単語をセットで覚えよう！

復習2 過去形の使い方 ……… 144
「状態の変化」に気をつけよう！

復習3 未来形の使い方 ……… 152
じつは5つもある！未来の言い方

復習4 現在進行形の使い方 ……… 160
意外と使える3つの使い方

復習5 現在完了形の使い方 ……… 166
3つのパターンをマスターしよう

復習6 現在完了進行形の使い方 ……… 172
使いこなせるとカッコイイ！

復習7 過去進行形の使い方 ……… 178
使うシチュエーションは1つだけ

復習8	疑問詞の使い方	181

質問の幅を広げよう！

復習9	助動詞の使い方	185

ニュアンスの違いに要注意！

復習10	動名詞／不定詞の使い方	197

to と ing の違いを意識しよう！

復習11	比較表現の使い方	200

好みを伝えるときに使える！

復習12	接続詞の使い方	202

使いこなせると長く話せる！

復習13	命令形の使い方	208

意外と知らない4つのニュアンス

復習14	受動態の使い方	210

歴史的事実・かしこまった状況で使う

おわりに 214

装丁 / 小口翔平 + 山之口正和（tobufune）
本文デザイン・イラスト / 土屋和泉
図表・DTP/ 横内俊彦
編集協力 / 福島結実子

第1章

話がとぎれない
英会話レッスン
《マナー編》

第1章のポイント

第1章は、外国人と英会話をするときに話をとぎれさせないための、基本的なマナーについてお話します。日本語の会話でもそうですが、「話したい」という意志が相手に伝わらなければ会話はつづきません。英会話には日本語会話と違う"間"の感覚や、"感情"の伝え方があります。どんなときにどう言えばいいかを知り、相手に「感じがいいな」と思ってもらうことで、自分も話しやすくなります。

1 アイコンタクトで話したい意志を伝えよう！

まずは、外国人と話すときに第一印象がよくなるコツを押さえていきましょう。

英語を話す外国人、とくに欧米人にとっては、「アイコンタクト」は大切なコミュニケーションツールです。

"英語を話す"ことにプレッシャーを感じていると、うつむいたり、目をそらしたりしてしまいがちですから、**「相手の目、顔を見て話すこと」を、つねに意識しておくといいでしょう**。アイコンタクトは、じつはコミュニケーションを変える強い味方なのです。

あなたが目をそらす理由は、英語が上手ではないからかもしれませんが、相手からすると、話したくないからだと思ってしまいます。たいていの場合、あなたが英語のネイティブでないことは、相手もよくわかっています。流暢に話そうとすることよりも、「あなたともっと話したいです」という意志を態度で示すことのほうが大切、といってもいいでしょう。

2

発音がヘタでも好印象を与える方法

　文化の違いもあるせいか、意外なところで誤解を受ける日本人は少なくありません。たとえば、シャイな性格だったり、英語の間違いを恐れたりして、無口になってしまう。仲よくなりたい気持ちは強いのに、知らないうちに相手からは「この人は私と話したくないんだな」と思われて距離を置かれる、なんてことは、非常によくあるのです。

　もっと積極的に自分を表現すれば、どんどん仲よくなれるはずなのに、もったいないことですね。

　でも、いくつか注意すべきポイントを押さえてコミュニケーションをとるだけで、そんな誤解をかなり減らすことができます。

第一印象をよくする「声」のマナー

　発音がうまくないにもかかわらず、英語でちゃんと意志を伝えられる人がやっていることの1つとして、**「大きな声で話すこと」**があります。

最近は、日本の街中で欧米人と遭遇することが増えてきました。彼らを見て「なんて声も身振りも大きいんだろう」と思ったことのある人も多いでしょう。ただでさえ日本人より大きい体をさらに大きく動かしながら、大きな声で話し、笑っていますよね。

　そう、欧米人は感情表現がとても豊か。

　そんな彼らからすると、日本人のコミュニケーションのとり方はどうも無表情で、何を考えているかよくわからない、なんだか声も小さいし……。そういうものなのです。

　日本人の控え目な性質を責めるわけではありません。これは外国人とコミュニケーションをするうえでは、少し気をつけたいポイントです。**いつもより声のボリュームを少し上げるだけで、あなたの印象はグンとよくなるのです。**

大きな声で話すと「話したい意志」が伝わる

　いきなり感情表現を豊かにしろとはいいません。

　せめて「相手が聞き返さなくてもよい程度の大きな声」は、つねに心がけるといいでしょう。

　なぜなら、外国人に対する気後れや、英語に対する自信のなさもあいまって、普段より、だいぶ小声で話してしまうものだからです。おそらく英語を勉強し始めた人なら、100％近くがそうだと思います。

しかし、ここは発想を逆転させてください。

　もとよりネイティブではないあなたの英語は不完全なのですから、小さな声でブツブツ言うと、なおさら伝わりません。

　完璧でないからこそ、努めてはっきり、大きな声で話す！　そんな開き直りも必要です。一生懸命、何かを伝えようとしている人を見て、不快に感じる人はいません。むしろ「そんなに話したいんだな」と好感を抱き、耳を傾けてくれるはず。声のボリューム１つ気をつけるだけで、もっと打ち解けやすくなるということです。

3 はっきり断言することが、外国人へのマナー

　YES/NOをはっきり言わない、という日本人の伝え方も欧米人にとっては理解しにくい点です。
　日本人的な感覚だと、こんなにはっきり言って大丈夫？ 気分を害して逆ギレされるのでは……とドキドキしてしまうかもしれませんが、そんな心配は取り越し苦労である場合がほとんどです。

　もともとYES/NOをはっきり言う文化圏で育った彼らは、いくらNOと言われても傷つくどころか、全然気にしません。「へえ、そうなんだ」「でも、損をしているのは君だよ」と、さっぱりしたものです。
　むしろ、はっきり言わないほうが「意志のない人」「よくわからない人」などと、よからぬ印象を与えてしまいかねません。

断言する意識は常に持とう

　たとえば、「facebookやってる？」「友だち申請送ってもいい？」──近年では挨拶代わりと言ってもいいほどですが、「知り合ったばかりの人とはつながりたくない」と思う人もいるでしょう。

　そんなとき、日本人同士だったら「やってるけど、あまり見てないんだよね……」などと言えば、相手は自然に引いて、この会話は終了です。

　このように「やんわりと断る」というのは、はっきり断って相手の気分を害すのは避けたい、という日本人ならではの気遣いですよね。

　ところが、この「やんわり断る」というのが欧米人には通用しないのです。

　まず、「facebookをあまり見ていない」などと答えること自体が、相手には意味不明です。これだと、「やっているのか？　友だち申請してもいいのか？」という質問に答えたことにならないので、「えーと……話、通じてる？？」となってしまうのです。たしかに言われてみれば、うなずける話ではないでしょうか。

　ですから、**嫌ならはっきり断ること。加えて「どうして嫌なのか」も言いそえましょう。**

4

話しやすくなる
相づちのバリエーション

　次に気をつけたいポイントは、**「ちゃんと相づちを打つこと」**です。これには、「うなずくこと」も含まれます。

　立場を変えてみれば、簡単に想像できるでしょう。

　話しているときに相手の反応が薄いと、不安になりますよね。「ちゃんと伝わってるのかな？」「何か機嫌を損ねることを言ったかな？」「私の話に興味がないのかな？」なんて気を揉んでしまいます。

　とくに欧米人は、そうです。彼らは、話している相手の感情に合わせて、自分の表情もクルクルと変わります。

　悲しい話は悲しい表情、楽しい話は楽しい表情で聞く。**こうして、表情を通じて共感の気持ちを示すのが、彼らにとってはごく自然な反応**です。だから、相手の話にほとんどリアクションしないなんて、ちょっと考えられないことなのです。

外国人が話しにくくなるリアクション

　この点でも、やはり日本人は外国人によくない印象を与えがちです。英語になると急に言葉数が減るうえ、リアクションも薄くなる傾向が強いので、相手を不安にさせます。もっと言えば、不信感すら抱かせかねません。

　彼らからすれば、相づちも打たず、うなずきすらしないのは「あなたの話を聞きたくありません」というサインです。

　外国人と会話が続かないのは、英語力のせいではなく、単にリアクションが薄いから。そんなこともあり得ると考えて、話を聞いているときは必ず相づちを打ち、うなずくようにしてください。

相づちのバリエーションを増やそう

　相づちは簡単です。「うなずく」という意味では、最低限、**Uh-huh** だけでもかまいません。

　これだけだとちょっと芸がないな、と思うのなら、次の4つを使い回すといいでしょう。

> **Wow.**（へえ、すごいね）
>
> **Oh, really?**（へえ、そうなんだ？）
>
> **I see.**（へえ、なるほどね）
>
> **That's nice.**（へえ、いいね）

　中学校だったら1つひとつ意味を習うところでしょうが、じつのところ、これらはすべて「へえ」くらいの意味合いしかないのです。

　とくに **Wow.** などは大きなゼスチャーをつけて言うイメージがあるかもしれませんが、そんなふうにオーバーにするのは英会話スクールの世界だけ。実際の会話で **Oh, really? Wow.** と言っても「へえ、そうなんだ」程度のニュアンスにしかなりません。

　だから1つひとつの意味は深く考えず、この4つの相づちをテンポよく会話にはさんで使ってみましょう。

　よく、「どんなリアクションをすると印象がいいですか？」と聞かれますが、**問題は何を言うかより、どう言うかです**。「へえ、そうなんだ」とボソッと言う場合と、「へえ、そうなんだ！」とほがらかに言う場合では、言葉は一緒ですが印象は違いますよね。これは英語も同じです。

　言葉に感情を込めて話すことが何よりも大切なのです。

5 相手の質問を待たずに話そう

　外国人と話すときに気をつけたいポイント、5つめは**「相手の質問を待たないこと」**です。

　これは、言い換えれば、もっと積極的になろうということ。スクールの生徒さんを見ていても、自分からなかなか口を開かず、受け身に徹してしまう人は本当に多いと感じます。

　慣れない英語で話すのですから、消極的になるのは仕方ないのかもしれません。でも、相手の質問を待ち、答えているだけでは、Q＆A止まり。コミュニケーションをとっているとは言えません。

なぜ、英会話教室では話せるのに実際は話せないのか？

　英会話スクールの先生とはちゃんと話せるのに、別の場所で出会った外国人とは全然話せない！　もし、そのような思いをしたことがあるのなら、答えは簡単です。

　英会話スクールでは、生徒に話をさせるために、先生が

話しやすい質問をどんどん投げてくれているのです。そうしないと、授業が成り立たないからですね。ですから、そこで「けっこう話せるな」と思うのは、ありがちな勘違いと言わねばなりません。

教室の外で出会う外国人は、何もあなたと会話をつづけなければいけない義務はありません。ですから、会話がつづかなければ、そこで終了です。「無口な人だったな」「おもしろみのない人だったな」ですまされかねないのです。

「質問に答える」だけでは会話はつづかない

ちょっと想像してみてください。日本人同士で話すときに、自分ばかりが質問をして、相手は答えるだけ……これが延々とつづいたら、どう感じますか？「本当は自分と話したくないのかな」「よくわからない人だな」「なんか、疲れるな」と思いませんか？

英会話スクールでは「先生から質問されて、自分が答える」のくり返しで「何となくできている」気がするかもしれませんが、**ナマのコミュニケーションの場では、あくまでも会話は「キャッチボール」です**。

相手から質問されては答え、自分から質問しては答えられ、という投げ合いがなくては、ほんの数分で気まずい沈黙が訪れ、物別れとなってしまうでしょう。

相手の質問を待たずに、どんどん自分から話すこと。それには、一にも二にも準備ありきです。

　質問を考えておくことも、話したいトピックを考えておくことも、準備の1つです。第2章以降でお話しますが、どんどん自分から話すことに慣れないうちは、まず相手に質問を投げかけてもいいでしょう。いざ外国人と相対したときに困らないように備えておきましょう。

6 質問のポイントは最後のワンセンテンス!

　ここからは、少しだけレベルアップします。

　日本人どうしのコミュニケーションでもそうですが、外国人とのコミュニケーションにおいても、相手の話を黙って聞くのではなく**質問することで好印象を与えることができます**。

　これは、「あなたの話に興味があります」という意志を示し、会話を発展させるカギです。

　いくら話好きの人でも、自分が一方的に話すばかりでは、すぐに会話のネタは尽きてしまうでしょう。自分ばかり話すのは誰だって疲れます。

　それに、いくら好意的な相づちを打たれても、ずっとそれだけで全然質問が返ってこないと、「この人、本当は興味ないんじゃないのかな」「自分の話、つまらないのかな」と思ってしまうものです。

　相づちを打つこと、うなずくことは、話を聞くときの最低限のマナー。そこからもう一歩、会話を発展させ、「楽しいおしゃべりだったな」と相手に思わせるには、こちら

からの問いかけが不可欠なのです。

まず、ココを聞きとろう！

　質問といっても、気負うことはありません。何も大それたことを聞く必要はないので、相づちの延長のように考えてください。

　会話が自然に続く質問のカギは、「相手が言った最後のセンテンス」にあるのです。全体が聞きとれなくて焦っていても、相手が言葉を切る直前、1つでも聞きとれたキーワードがあったら、それを質問の足がかりにしましょう。

　聞きとれなかった部分とかぶっている可能性も考えて、最初に **You might have already mentioned it, but 〜**（すでに言われたかもしれませんが〜）と前置きしてから質問するのもアリです。

質問のクオリティは気にしなくていい

　ネイティブの間ですら、答えがわかりきっているような質問をすることがよくあります。これは、質問のクオリティよりも、質問をすることで相手の印象に残ることや、「話をもっと聞きたいです」という意志表明することのほうが大事だという感覚があるからです。

ですから、「同じことを言わせるのではないか」などと質問することを躊躇したり、心配する必要はありません。不安に思うより先に、**思いついたことはどんどん聞いてみたほうが相手に与える印象はいいのです**。どんな内容でも、たいていの人は快く答えてくれるでしょう。

ここでワンセンテンスを足がかりにして会話をつなげる例を紹介しましょう。女の子が日本人の役をしています。

話がつづく会話①

What did you do on Sunday?
(日曜日は何をしましたか？)

I went to the zoo.
(動物園に行きました)

I see. Which zoo?
(そうですか。どこの動物園ですか？)

話がつづく会話②

What did you do on Sunday?
(日曜日は何をしましたか？)

I went to the zoo.
(動物園に行きました)

Zoo?
(動物園ですか?)

 Yeah. Ueno zoo.
(そうです。上野動物園です)

　このように、相手の最後のワンセンテンスさえ足がかりにできれば、自然と会話がつづきます。
　同じことを言わせるのではないかと思ってしまうかもしれませんが、そんなことはありません。
　途中で聞きとれないことがあると一瞬で耳がフリーズしてしまいがちですが、済んだことはさっさと忘れて「今、相手が言っていること」に集中しましょう。

　それでも困ったときのために、ついでに万能質問フレーズも紹介しておきます。
　ここで注意したいのは、万能質問フレーズとは言っても、とりあえずこれだけ言っておけばなんとかなる表現ではなく、わからなくなったときに「ちゃんと話をしたい」という印象を与えるための正直な表現(コメント+質問)であるということです。
　わからないときは「わからない」と言う。これもしっかりと頭に入れておきたいマナーの1つです。

困ったときの質問フレーズ

Sorry. Could you say that again?
(すみません。もう一度言っていただけますか？)

I didn't quite understand. Could you say that again?
(よくわかりませんでした。もう一度言っていただけますか？)

I didn't follow. Could you speak a little slower?
(聞きとれませんでした。もう少しゆっくり話していただけますか？)

That was completely over my head. Could you write it down?
(まったくわかりませんでした。書いていただいていいですか？)

7

ふつうの質問が、失礼になるのはこんなとき

　外国人との話で相手に聞いていいこと、聞いてはいけないこと、という明確なラインはとくにありませんが、1つ気をつけたいのは、**会話の流れに関係のない質問はしない、ということです**。

　たとえば、相手の年齢や国籍、結婚しているか、子どもはいるかなどは、比較的デリケートなテーマですよね。とくに**年齢は、アメリカでは仕事の面接でも聞いてはいけないとされています**。年齢を聞くことで、能力ではなく年齢によって合否を決めている、つまり年齢差別をしていると疑われてしまうからです。

　また、私の周りの欧米人の間でもっともよく聞く「日本人によく聞かれる面倒な質問」のナンバー1が、じつは**「出身地（国籍）」**なのです。

　これは、立場を変えてみればきっとわかってもらえると思います。欧米人には、中国人、韓国人、日本人の区別がつきにくいのですが、仮に欧米を旅行している最中に、現

地の人からしばしば「韓国人ですか？」とか「中国人ですか？」などと聞かれたら、面倒くさくありませんか？　きっと「日本人だけど、それを知ってどうするんですか？」と思ってしまうに違いありません。日本にいる外国人も、それとまったく同じ気分を味わっているというわけです。

個人的なことは、前置きをしてから聞こう

　でも、だからといって雑談をしているときに、年齢や国籍を絶対に聞いてはいけないわけではありません。結婚や子どものことなども同じです。

　たしかに、最初の挨拶を交わし、軽く自己紹介しあったあとで、いきなり「何歳ですか？」「出身はどこですか？」「結婚してますか？」「子どもはいるんですか？」などと聞くのはちょっと失礼です。

　でも、仮に話が、「若いころは少し運動をしたくらいでは筋肉痛にならなかったのに、50代になるとキツイ」という流れになったとします。そのようなときに、**You look young. How old are you?**（あなたは若そうですが、おいくつですか？）というように前置きをしてから年齢を聞くのは、まったく不自然ではありません。

　あるいは、オリンピックの話で盛り上がったときに、**By the way, where are you from? I'm from Japan.**（とこ

ろで、どこの出身ですか？　私は日本です）などと言われて妙に感じる人は、もちろん、いないでしょう。

　要するに問題は、何を聞くかではなく、**どのタイミングで聞くか**、もっと言えば、**いかに自然に前置きをして、会話に沿った質問をするか**、ということなのです。

あくまでも、質問は会話を楽しむキッカケ

　そういう意味では、**「住んでいる場所」**も要注意ポイントかもしれません。日本人同士だと、当たり障りのない会話の糸口として、話の流れに関係なく「お住まいはどちらですか？」と聞いたりすることもあるでしょう。

　でも、外国人と話すときに、いきなりこの質問をすると、相手はやはり少し違和感を抱くはずです。会話の流れを無視して、唐突に聞いている印象になるのです。

　ただ、これもたとえば、今度お互いの家から近いところでお食事でもしましょうという話題になった流れで、必然的に **Where do you live?**（どこに住んでいるのですか？）と聞いたのであれば、まったく違和感はありません。

　次章で具体的にお話ししますが、英語を話す「準備」として、基本的な質問ができるようにしておくに越したことはありません。かといって、頭のなかの質問リストを片端

から潰していくようでは、質問をする目的がほとんど失われてしまいます。

　質問をするのは、あくまでも相手の話に興味を示し、会話をつづけるため。会話を楽しむ姿勢が見えない、質問するだけで自分のことはまったく話さない、そんな誤解を与える「質問魔」にはならないよう、なるべく**「会話の内容にリンクしたことを聞く」**と意識しておきましょう。

自然な会話

How do I get to the French Embassy?
（フランス大使館へどうやって行くか教えていただけますか？）

It's right around the corner.
（あの角を曲がって右ですよ）

Thank you.
（ありがとうございます）

Are you French? I went to Paris 2 years ago. It was a really nice trip.
（あなたはフランスのご出身なのですか？　2年前にパリに行きましたよ。とてもいい旅でした）

8

冗談が言えると、もっと盛り上がる！

　ちょっとしたジョークは、場を和ませる最高の潤滑油と言えますが、笑いのセンスは、国によってだいぶ異なります。日本の「お笑い」が外国人に通用しないように、外国人がジョークを言ったのに「??」となってしまうことも、今後、ないとは限りません。

　理解できないことで無理に笑う必要はありません。ただ外国人、とくに日本人が接する機会の多そうなアメリカ人のジョークのセンスを少し知っておくのも、いざ面と向かったときにあたふたしない秘訣です。

鉄板ジョークが1つあるだけでも好印象

　たとえば、アメリカ人は、**時事ネタのジョーク**をよく言います。本書を書いている今も、ちょうどアメリカ大統領選挙が盛り上がっていますが、そういうタイミングだととくに、政治家の政策や内情を軽く揶揄するようなジョークが飛び出しやすくなります。

英語を話すことにちょっと慣れてきたら、そのノリで1つ、小ネタを用意しておくのもいいでしょう。

あえて自虐ジョークでウケをとってみよう

たとえば、日本人ということを売りにするなら、「日本のトイレ」は幅広くウケるネタになると思います。

私の知人の日本人コメディアンでKaoriさんという方がいます。彼女は英語でスタンドアップ・コメディーをやるのですが、彼女のネタの中にこのようなものがあります。

使ってみたい自虐ジョーク

Japanese toilet seats are the only toilet seats in the world that have hospitality. When you are finished, the toilet cover automatically shuts as if it were saying, "どうもありがとうございました".

（日本のトイレの座席は、ホスピタリティをかねそなえている世界で唯一の座席です。
あなたが用を足したら、そのトイレのふたは「どうもありがとうございました」と言うように、自動的に閉まるのですよ）

Oh, really? That's interesting!
（へぇ、そうなんだ？　それはおもしろいね）

　外国人が日本に来て、まず驚くことの１つが、ホテルやデパートにある多機能トイレ。個室に入ったら自然にフタが開き、用が済んで立ち上がったら自然とフタが閉じる。外国人にとっては印象的な光景です。

　また日本人がおじぎをよくすることも外国人にとっては有名ですが、このジョークはトイレのフタを日本人のおじぎにたとえて、日本人の丁寧さを滑稽にとらえたジョークですね。

　これを参考にアレンジを加えるもよし。自分でジョークを作ってみるもよし。いずれにせよ、小ネタのストックがあるともっといいですね。ジョークのわかる日本人として、きっと外国人は心を開いてくれるはずです。

　ちなみに、ジョークは **Do you know this one?**（これ知ってる？）と言って話し始めたりもします。誰かが、これで話を始めたら、ジョークがくると思ってください。

ジョークがウケなかったときの対処法

　ちなみに、ジョークを言ってもウケなかったとき……。がんばって言ってみたのにシーンとしたら、相当ヘコむと

思いますが、そこで押し黙ってしまわないでください。

ここは、**Oh, did I mess up?**（あれ、やっちゃった？）などとおどけてみせるのが一番です。そうすれば、きっと誰かがフォローを入れてくれるでしょうし、あるいは**How about you?**（君はどうなの？）などと自分から周囲に振ってもいいでしょう。

相手の冗談がわからないときに使える表現

最後に、外国人にジョークを言われたけれどよくわからなかったときに使えるリアクションも紹介しておきましょう。

相手のジョークには、多少、わからない部分があっても周囲に合わせてニッコリするくらいはしたいもの。

ただ、本当にわからなくて全然リアクションできなかったら、**Sorry, I didn't get it.**（ごめん、わからなかった）と言いましょう。その上で、まだ会話を続けたければ、**By the way ～**（ところで）とひとこと挟んで話題を変えてしまうのもアリです。

場が凍りついたままでは周りの人も気の毒ですし、自分自身も気まずいまま。**爽やかに「事後処理」をして、周囲に会話のバトンを渡してしまえばいいのです。**

第1章 話がとぎれない英会話レッスン《マナー編》

第1章
まとめ

- ☑「大きな声」と「目を合わせる」を心がけよう

- ☑ YES/NOは最初にハッキリ伝えよう

- ☑ 小まめな相づちで、相手に「興味があること」をアピールしよう

- ☑ 相手の質問を待たずに、伝えたいことをどんどん話そう

- ☑ 相手の話の「最後のセンテンス」を手がかりに会話をつづけよう

- ☑ 前置きをしてから個人的なことを聞こう

- ☑ 鉄板ジョークを1つ用意して話してみよう

第2章

話がとぎれない
英会話レッスン
《テクニック編》

第2章のポイント

第2章は、英会話をつづけるための具体的なテクニックをお伝えします。英会話のリズムや会話の型を知ることで、事前に心構えができ、外国人が何を言いたいかに気づくこともできるでしょう。

いきなり全部できるようになろうとすると、疲れてしまいます。英会話をする中で、できるところから少しずつやっていきましょう。

1 相手に質問されているつもりで話そう

　第1章で、英語でコミュニケーションをとる土台固めができました。ここからは、より実践的な会話のテクニックをお話ししていきましょう。

　まずお伝えしたいのは、「英語とはどんな言語か？」ということです。この点を押さえておくと、実際に外国人と相対したときにも、どういうふうに話せば会話が弾み、つづくのかわかります。

　ポイントは、次の3つ。

> **ポイント❶ 英語は、「説明の言語」**
> **ポイント❷ 英語は、「具体的な言語」**
> **ポイント❸ 英語は、「結論が先にくる言語」**

　これらを意識して話すのは、「まだスキルがないので難しい」と思われるかもしれませんが、それは順序が逆です。**「説明する」「具体的に話す」「結論が先にくる」という意識があってはじめて、そんなふうに話そうと努めるように**

なる、つまりスキルが上がっていくのです。意識が変われば行動が変わるということですね。

　もちろん、話を広げるには文法的な知識も必要です。現在形、過去形、現在完了進行形など、ネイティブがよく使う時制を使えるようになるほど、言えることも増えていきます。

　こうした文法的な知識は第４章で説明しますので、ここでは、まずこの３つのポイントを頭に入れておいてください。

外国人は、話のココが知りたい！

　では、まず外国人と話をつづけるポイント①からお話ししていきましょう。

　英語は「説明の言語」——おそらく、これだけ言われても、よくわからない人が多いと思います。

　簡単な例を挙げてみましょう。「英語は説明の言語」ということを理解していない人が外国人と話すとこうなります。

いまいちな会話

What did you do last weekend?

> （先週末は何をしていましたか？）
>
> **I watched a movie.**
> （映画を見ました）［よし！　ちゃんと答えた！］
>
> **…And? That's all?**
> （それで？　それだけですか？）
>
> **I had dinner with my friend.**
> （友人と一緒に夕食をとりました）［よし！　ちゃんと答えた！］

　おわかりでしょうか。「英語は説明の言語」ということを理解していないと、相手から聞かれては答える、という**Q＆A型のやりとりが延々と続く、味もそっけもない会話になってしまうのです**。

　これを避けるには、どうしたらいいかというと、簡単です。相手とのQ＆Aのやりとりを、自分のなかで行なえば解決。つまり、つねに質問されているつもりで話す、ということなのです。

　Q＆A方式の会話にならずによいコミュニケーションをとるには、まず会話の「量」を意識すること。そのために、**5W1H「いつ（when）」「どこ（where）」「誰（who）」「何（what）」「なぜ（why）」「どんなふうに（how）」を手がかりに、自分のなかで質問をふくらませ、会話を発展させましょう**。

「なぜ？」に答える意識を持とう

　そして、外国人と話をはずませるためにとくに大事なのは**「なぜ」という「理由」です**。私が通ったインターナショナルスクールでは、小学校中高年くらいから「なぜ」に答えることを訓練されました。歴史のテストなら、「出来事」だけではなく、「なぜその出来事が起こったのか」を答えるよう求められます。

　そういう教育なので、外国人、特に欧米人の頭のなかでは「なぜ」まで言ってくれないと、途中で話をやめたようなもの足りない感じがするのです。相手の質問に答えるにしても、質問されたつもりで会話を広げるにしても、まず、**必ず「なぜ」をセットにして話す習慣をつけましょう**。

　たとえば、「先週末は何をしたの？」という質問に対して「映画を見ました」と答えるとしましょう。質問を待つ姿勢だと、ここで会話がストップしてしまいます。

　でも、「質問されているつもり」になると、自分からもっと話すことになります。

「何」の映画を見たのか、「なぜ」その映画を見ようと思ったのか。おもしろいと思ったのなら、「どういうところ」がおもしろかったのか。

「何か趣味はありますか？」という質問に対してYES/NOだけでなく、たとえば「映画を見ることです」「アクション映画が好きです」というふうに、1つの答えについて次々と情報を付け加えていくのが、「説明する」ということです。

こう言うと簡単そうですが、意識していないとなかなかできない人が多いのです。実際、英会話スクールでよくある会話をもうひとつ再現してみましょう。

いまいちな会話

What did you do last weekend?
（先週末は何をしたの？）

I watched a movie.
（映画を見ました）

Who did you go with?
［……え、それだけ？　誰とどこに行ったとか、何の映画を見たとかは言わないの？］（誰と行ったの？）

I went with my friend.
（友だちと行きました）

Where did you go?
（どこに行ったの？）

I went to Ginza.
（銀座に行きました）

> **What movie did you watch?**
> (なんの映画を見たの？)
>
> **I watched a movie called "Mission: Impossible".**
> (『ミッション：インポッシブル』という映画を見ました)
>
> **Why did you watch it?**
> (どうしてそれを見たの？)
>
> **Because I like Tom Cruise, the main actor of the movie.**
> (主役のトム・クルーズが好きだからです)
>
> **How was it?**
> (どうだった？)［めんどくさいなぁ……］

　ちょっと想像してみてください。日本人の友だちに「先週末は何をしたの？」と聞かれて「映画見たよ」とだけ答えたら、そうとう感じが悪いですよね。ところが、英語になると日本人はこれを無意識的にやってしまいがちです。

　英会話スクールの先生なら、「この人は何が言いたいのかな」と不思議に思いながらも、次々と質問を投げかけてくれるでしょう。でも学校の外ではそうはいきません。最初から**「質問されているつもりで話す」**という姿勢がないと、すぐに会話が終わってしまうのです。

　仮に先ほどの会話の「正解例」を1つ挙げるとしたら、

次のようになります。

> **話がつづく会話**
>
> **What did you do last weekend?**
> (先週末は何をしたの？)
>
> **I watched a movie with my friend in Ginza. I watched a movie called "Mission: Impossible", because I like Tom Cruise, the main actor of the movie. It was a great movie. Did you watch it?**
> (友だちと銀座で映画を見ました。『ミッション：インポッシブル』という映画を見ました。主役のトム・クルーズが好きだからです。すごくよかったですよ。見ましたか？)

いかがでしょう。これが「説明する」ということですが、なんのことはない、ごく普通の会話ですよね。日本語なら、自然とこういうふうに話しているはず。それを英語でもやればいい、という話です。

そもそも、どうして人は会話をするかといえば、互いに自分の情報を出し合って、相互理解を深め、関係を築くためです。「何でも聞いて！　何でも答えるから！」という

姿勢では相手が疲れてしまいます。

　聞かれたら答えるというＱ＆Ａのくり返しだと、先ほどの例のように「答えること」が目的になってしまい、コミュニケーションになりません。**会話を続けるには自分からどんどん「説明」し、自分で話を展開していくことが必要なのです**。

　慣れるまで少しむずかしく感じるかもしれませんが、この意識を持ちながら少しずつトライすることで、すらすらと会話ができるようになります。

2

自分の気持ちを具体的に表現しよう

　「英語とはどんな言語か？」そのポイント②は「英語は具体的な言語」でしたね。

　ここでまず気をつけていただきたいのが、**日本人が使いがちな「何となく」という曖昧ワード**です。

「何となく」は、英語だと **I felt like ～ ing.**（～する気分だった）、**I just felt like it.**（ただそんな気分だった）などと言います。言ってはいけないわけではないのですが、これだけで会話が終わると、かなり印象が悪くなってしまうのです。

いまいちな会話

How was your weekend?
（週末はどうだった？）

It was good. I watched a movie called "Mission: Impossible". It was an exciting movie.

(よかったです。『ミッション：インポッシブル』という映画を見ました。とてもエキサイティングな映画でした)

Why did you watch it?
(どうしてそれを見たの？)

I just felt like it.
(何となくです)

??
[え？　理由もないのに映画を見たの？]

　これも英会話スクールでよくみられる光景ですが、たいてい、先生は最後の **I just felt like it.** という答えを少し不思議に思ってしまいます。

　というのも、**I just felt like it.** という表現だけだと、まるで「街を歩いていたら映画の看板が見えて、よくわからずにふらふら入っちゃった」という感じを受けるからです。これだと、誰が見ても「変な人」ですよね。要するに **I just felt like it.** だけでは抽象的すぎて、よくわからないのです。

「何となくそんな気分だった」と言うのが悪いのではありません。ただ、**相手に妙な印象を与えないためには、もう少し具体的なことがらを足して伝える必要があります**。

　たとえば、**I felt like watching a movie and it looked interesting.**（何となく映画を見る気分で、それが面白そう

だったから）などと言えば、ただ「何となく」ではなく「映画を見る気分」「面白そうだった」という具体性がありますね。これで十分なのです。

「行き先」よりも「何をしたか」が重要

英語を話すとき、日本語より一歩踏み込んで具体的に言ったほうがいい場合は、ほかにもあります。

たとえば、日本語なら「美容院に行きました」「スーパーに行きました」で問題ありませんが、これを直訳して **I went to a beauty salon.** とか **I went to a supermarket.** というと、ちょっと素っ気ない感じがします。

日本人どうしの会話だと美容院に行ったと言うだけで、髪の毛を切りに行ったという暗黙の意味を感じることができますが、英語はそうはいかないのです。

この場合は、

I went to get a haircut.［男性がよく使う］
（髪を切りに行きました）

I went to get my hair done.［女性がよく使う］
（髪をやってもらいに行きました）

I went to buy groceries.［I went grocery shopping］

（食料品などを買いに行きました）

などと具体的に言います。

このように、**英語を話すときは単に「行き先」ではなく行った先で「何をしたか」を具体的に言う、ということを覚えておくといいでしょう**。

感情は「エピソード」で伝えよう

もう1つ「具体的に話す」を実践するコツをお伝えしておきましょう。

それは**「エピソード」を入れて話す**ということです。

相手に関心を持ってもらえるように話すというのも、コミュニケーションの大原則。そこで役立つのが「エピソード」なのです。

たとえば、

いまいちな会話

What did you do for your summer vacation?
（夏休みは何したの？）

> **I went to Okinawa. It was so much fun.**
> （沖縄に行きました。すごく楽しかったです）
>
> **……so how was it fun?**
> （……それで、何がどう楽しかったの？）

　この場合、また相手の質問を促すことになり、例のつまらないＱ＆Ａ会話になってしまいます。これだけだと、相手はあまり興味を持ってくれません。

　そこで、次のようにしてみると、楽しい会話に感じられます。

話がつづく会話

> **What did you do for your summer vacation?**
> （夏休みは何したの？）
>
> **I went to Okinawa. I was really surprised that the sea was so beautiful.**
> （沖縄に行きました。海がすごくきれいで驚きました）
>
> **I've heard Okinawa's sea is one of the best in the world.**

> （沖縄の海は、世界有数の海だって聞いたことがあるよ）
>
> **Oh, really? I didn't know that.**
> （へぇ、そうなんですか？　知りませんでした）

ほかには、

> **I was so impressed to see ○○, the super rare local animal.**
> （○○という珍しい生き物を見られて感激した）
>
> **It was my first time to eat their local food called △△. It was so tasty.**
> （はじめて△△という現地の食べ物を食べて、すごくおいしかった）

などと伝える方法があります。

饒舌に語れるに越したことはありませんが、こんなちょっとしたことでもいいのです。

すると相手は「へぇ〜！　よかったね」「へぇ〜！　どんな感じだった？」などと前のめりになってきます。**エピソードと一緒に「驚いた」「感激した」「おいしかった」といったあなたの感情が伝わるからです。**

いかがでしょう。エピソードによって感情を具体的に伝えることで、不慣れな英語でも、自分の話がぐんとイキイ

キする感じがしませんか？　自己紹介にエピソードを織り交ぜるのもおすすめです（エピソードを含めた自己紹介は第3章で説明していますので、参考にしてください）。

　単に「事実を伝える説明」以上の潤いが会話に加わり、より深く、楽しいコミュニケーションができる。これが、「英語は具体的な言語」ということを理解して話す効果と言っていいでしょう。

　感情を伝えるときに使える表現も載せておきますので、ぜひエピソードを伝えるときに使ってみてください。

感情が伝わる表現①うれしいとき

I was on cloud nine.　最高に幸せだった
I had a blast.　めちゃくちゃ楽しかった
It was amazing.　すごかった
I was on top of the world.　最高の気分だった

感情が伝わる表現②悲しいとき

I cried my eyes out.　大泣きした
I was on rock bottom.　最低な気分だった
It couldn't have been worse.　最悪だった
I wanted to kill myself.　死にたいほど悲惨だった

3 結論を先に話そう

　では最後の３つめのポイントを説明しましょう。

　「英語は結論が先にくる言語」——英語の文法の成り立ちからしてそうなのですが、ここでは、話の順序という意味でお話しします。

　相手から何か聞かれたら、まずその質問に答える。当たり前のようですが、じつは日本語的な感覚のままだと、ちょっとずれた返答になってしまうことがあるのです。

外国人は、まず結論を聞きたがっている

　実際にやってみましょう。

　たとえば、週末に、あなたは友だちと一緒に映画を見て、食事をし、とても楽しく過ごしたとします。

　そこで週明けに会社の同僚から「週末はどうだった？」と聞かれ、「友だちと映画を見に行って、そのあと食事をしたんだ。すごく楽しかったよ」と答えても、日本語では何も違和感はありませんね。

しかし、これをそのまま英語にして外国人に話した場合、相手は少し違和感を抱くのです。

　なぜかといえば、「週末に何をしたか」という事実が先にきていて、「週末はどうだったか」という相手の質問には、真っ先に答えていないからです。

「何をしたか」というのは、「どうだったか」に対する「説明」であって「結論」ではありません。

　つまり、英語を話す外国人は、あなたが楽しかったのか、つまらなかったのか、それとも普通だったのか、といった結論を聞いているのです。その問いに対する **「結論」を先に言わないと、英語を話す外国人は「何が言いたいのだろう？」となってしまうのです。**

いまいちな会話

How was your weekend?
（週末はどうだった？）

I went to watch a movie and had dinner with my friend. It was great.
（映画に行って…夕食を友達と食べて…とても楽しかったよ）

………okay.
（そうなんだね…）［な……なるほど］

したがって、「週末はどうだったか？」という問いに対する正しい答え方は、こうなります。

話がつづく会話

How was your weekend?
（週末はどうだった？）

It was great! I went to watch a movie and had dinner with my friend.
（すごく楽しかったよ！　友だちと映画を見に行って、そのあと食事をしたんだ）

That's nice. What did you watch?
（それはよかったね。何を見たの？）

ただ順序が違うだけですね。でもこの順序が、相手に違和感を抱かせずに、スムーズに会話を進めるコツだと思ってください。

「結局何が言いたいのか？」を意識する

さきほどは比較的シンプルな例でしたが、「結論が先」というポイントをしっかり理解しておかないと、もっと違和感だらけの会話になってしまう場合もあります。

結論に付随する説明がたくさんある場合などは、その典型です。

たとえば、「納豆は好き？」と聞かれたとします。「小さいころは臭いがきらいだったけど、大きくなるにつれてだんだん好きになってきて、今は大好き」と説明しても、日本語ならこれでOKです。

しかし、そのままの順序で英語にしたら、相手は「だから好きなの、きらいなの、どっちなの？」と、何が言いたいのかわからずじりじりしてしまうのです。

いまいちな会話

Do you like natto?
（納豆は好き？）

When I was small I didn't like the smell. But as I grow up, I've come to like it.
（幼いころは臭いがきらいだったけれど、大きくなるにつれてだんだん好きになってきて、今は大好きです）

……so you like natto?
（……じゃあ納豆が好きなんだよね？）［最初からそう言えばいいのに］

> ## 話がつづく会話
>
> **Do you like natto?**
> (納豆は好き?)
>
> **Yes, I love it. I didn't like the smell when I was small, but as I grew up, I've come to like it.**
> (はい、大好きです。幼いころは臭いがきらいでしたが、大きくなるにつれてだんだん好きになりました)
>
> **Oh, really? I've tried it a couple of times, but I don't think I'll ever come to like it.**
> (そうなんだね。ぼくは何回か挑戦したけど、どうも好きになれそうにないよ)

「好きかどうか」を聞かれているので、やはり、上のように「大好きです」という「結論」が先にきたほうが自然な英語になります。

質問の受け答え方をマスターしておこう

質問に対して最初に結論を言わなければならないとわかっていても、そもそも相手がどんな質問をしているのかわからなければ、結論も答えようがありませんね。

でも大丈夫です。英会話では、**質問に対する答え方のパターンがある程度決まっています。**

　ですから、相手の質問してくる型に対して自分の答えのパターンがすぐ口からでてくるように練習してみてください。「そうとも言い切れないんだけど……」「これには経緯があるんだけど……」という微妙な事情は、すべて「説明」ですから「結論」の後に付け足していけばいいのです。

YesかNoを結論として最初に答えないといけない質問

Do you ～ ?

Are you ～ ?

Were you ～ ?

Have you ～ ?

具体的な事柄を結論として最初に答えといけない質問

When ～ ?　「時期や時間」

Where ～ ?　「場所」

Who ～ ?　「人」

3つを意識するだけで会話は9割つづく！

「説明する」「具体的に話す」「結論を先に言う」——この3つのポイントを理解し、実践するかどうかで、「話せている、話せていない」という感覚に、大きな違いが生まれます。

　ちょっとでも相手に違和感を抱かせてしまうと、どうしても会話はとぎれとぎれになり、「勉強してるのに話せない」という初心者の感覚がずっと残ってしまいます。

　そこで、この3つのポイントがしっかりできるようになると、相手とのキャッチボールがスムーズになり、自然と会話が長くつづくようになるというわけです。

4

プラスひとことで会話をはずませよう

　英語はまず「説明する」・「具体的に話す」・「結論を先にする」言語だとお話ししてきました。

　ただ、初対面の人との会話でまず中心となるのは、やはり「質問」と「答え」のくり返しです。それは日本人同士の会話を思い浮かべてみても、同じではないでしょうか。

　会話の基本はキャッチボール。相手から飛んできたボールをじょうずに投げ返せるかどうかが、第一印象を左右します。

　まず、先ほどの YES/NO で答える型、when などに対して答える型など、ごく基本的な質問にはきちんと答えられる準備もしておきましょう。

　そして、ここでさらに意識してほしいのが**「ひとことで会話を終わらせないこと」**です。

　66 ページに質問例を載せていますので、自分ならどのように答えるかも考えてみてください。

> ## 話がつづく会話
>
> **What kind of food do you like?**
> (どんな食べ物が好き？)
>
> **I like spicy food. I especially like Thai food. I eat Thai food at least 3 times a week.**
> (辛い食べ物が好きです。とくに、タイ料理です。タイ料理は少なくとも週に3回は食べます)
>
> **Wow! Really? I love Thai food too!**
> (わぁ、そうなんですね？ 私もタイ料理が大好きです！)

　このように、まず「結論」から始め、どんどん言いそえていくと、テーマはたった1つでも、ぐんと会話がはずむのです。

語彙力は、説明する意識を持つと身につく

　さて、このような練習をすることの大きなメリットが1つあります。**伝えたいことが伝わるような語彙力が身につくのです。**

　たとえば、「『どんな食べ物が好き？』と聞かれたら『お寿司が好き』と答えよう」と思っていたとします。ただ、それだけでなく一言、二言、三言、言いそえようと考える

と、どうでしょう。「好きなネタ」「好きな店」「食べる場所」や「食べる頻度」にまで想像が及ぶはずです。

そこではじめて、「マグロって何て言うんだろう？」「回転寿司ってなんて言うんだろう？」「月に２回ってなんて言うんだろう？」という疑問が生まれ、必要に応じて単語や言い回しを調べるので頭にも入りやすいのです。

質問に答える練習をしよう

次に基本的な質問リストを挙げておきます。１つひとつについて、**どんどん言いそえる発想でシミュレーションをすれば、かなりの単語数がストックされるでしょう**。

質問に答える練習をする。これだけのことでも、やり方次第では、英会話力の大幅アップにつながるというわけです。

そして、会話はキャッチボールである以上、こちらからも投げかけなくてはいけません。基本的な質問に答えられるようにすると同時に、質問ができるようにもしておきましょう。

日本語→英語の練習は、英語→日本語の練習よりハードですが、難しい分、こなすほどに早く上達します。次の質問リスト以外にも、あなたが聞いてみたいことを思い浮か

べて、会話のシミュレーションをしてみてください。

話をはずませる質問

What kind of music do you like?
(あなたはどんな音楽が好きですか？)

What kind of movies do you like?
(あなたはどんな映画が好きですか？)

What kind of dramas do you like?
(あなたはどんなドラマが好きですか？)

What kind of men do you like?
(あなたはどんな男性が好きですか？)

What kind of women do you like?
(あなたはどんな女性が好きですか？)

What kind of books do you read?
(あなたはどんな本を読みますか？)

5 話す量が自然と増える 3つの順番

　相手の質問を待つ姿勢だと、どうしても、会話がつづくかどうかは相手次第になってしまいます。せっかく英語を勉強しているのですから、どんどん自分で会話を発展させたいものですね。
　そのトレーニングとして最適なのが、**「モノローグ」を考えること**です。
　「モノローグ」とは「一人語り」ということ。つまり、相手を「聞き手」として、一人でどんどん話す内容を考えておく。要するに、ちょっとしたスピーチを考えるようなものです。この練習をしておくと、相手頼みでなく、自分の力で会話がつづくようになるのです。

話すときは、この順番で話せばOK

　自分一人でしばらく話すのですから、まず「話したい内容」を決めねばなりません。しかし、そのことについて自由に語ってください！……と言われても、何をどうしてい

いのか、わかりませんね。

でも大丈夫。ある「型」に当てはめれば、どんな内容でも簡単にモノローグが作れます。その型とは、

> ❶ Introduction —— 出だし
> ❷ Body —— 説明
> ❸ Conclusion —— 結論

というもの。この順序で話すと決めれば、まず間違いなく、スムーズにモノローグで話すことができます。

これは、いわば「英語版・起承転結」とも言えますが、英語だともっと単刀直入です。最初は Introduction（出だし）で始めるといっても、「えー、本日はお日柄もよく……」なんて婉曲な始め方では「この人、何を言ってるんだ？」と相手を困惑させてしまうでしょう。

そんなとんでもない間違いを予防するために、このように言い換えておきます。

> ❶ Introduction —— 私は○○についてこう思います。
> ❷ Body —— なぜなら○○だからです。
> ❸ Conclusion —— だから私はこう思います。

お気づきでしょうか。そう、ここでも「結論を先に言

う」という英語の原則は生きているのです。

モノローグの「型」とは、「結論→説明→結論」の順に話すこと、と考えてかまいません。そこが日本語の起承転結——まず問題提起をしてから話を展開し、最後に結論を述べる方式とは、ちょっと勝手が違いますよね。

モノローグを意識すると相手の話も理解しやすい

モノローグを意識していないと、相手の質問にYes/Noと答えた時点で話が終わってしまいます。

一方、モノローグを意識していると、「結論の後に説明、そして結論」という順序で話すようになるため、より会話が発展することになります。また、相手もこの順番で話をしているので、次にくる内容が予想できるようになります。

この原則を覚えておくと、相手の質問に答えるときにも、ひとこと答えて一瞬で会話終了……なんて事態も避けることができます。文法的な知識は多少必要ですが、まず**「話す順序を決める」こと、その意識をもって話そうとすることが、自然に話す量が増える一番のカギ**です。

では実際にいくつか例を挙げてみましょう。次の「いまいちな会話」と「話がつづく会話」でどう違うか見比べてみてください。

いまいちな会話

What kind of movies do you like?
(あなたはどんな映画が好き？)

Almost everything.
(だいたいなんでも好きですよ)

……so?
(……そうなんだね？)

話がつづく会話

What kind of movies do you like?
(あなたはどんな映画が好き？)

Almost everything. I especially like actions and comedies. My favorite action movie is "The Matrix". My favorite comedy is "Crazy, Stupid, Love". I watch everything except horror.
(だいたいなんでも好きです。とくにアクションとコメディですね。お気に入りのアクション映画は、『マトリックス』です。お気に入りのコメディ映画は、『ラブ・アゲイン』です。ホラー以外はなんでも見ます)

6 自然な話しかけ方、話への入り方

　英語を話せるようになりたいのなら、失敗を恐れず積極的に英語を使ってみること。**外国人と接する機会があったら、どんどん自分から話しかけてみることが大切です**。とかく話しかけられるまで口を開かない、「待ち」の姿勢になってしまう人も多いのですが、それだと会話のチャンス、言い換えれば上達のチャンスはぐんと狭まってしまいます。

　でもいきなりはちょっと不安……という人のために、ここでは会話の切り出し方をご紹介しましょう。

まずは、気軽に挨拶からはじめよう

　日本では、会社のビルのエレベーターで知らない人と会っても、積極的に話しかけることはしません。しかし、欧米人などは隣人などに気軽に挨拶をし、話しかけます。パーティなどでそばにいる人に話しかけない、目が合ってもニコリともしない、というのは、外国人にとっては印象の悪いことなのです。

初対面の人にどうやって話しかけるのか？

 何も難しく考えることはありません。最初は **Hi.** から始めましょう。いきなりとうとうと自己紹介を始めるのも妙なので、**シチュエーションに合わせて少しずつ会話を広げていくのが外国人との話し方では自然です。**

 たとえば、料理がふるまわれるパーティなら下の言葉をかけるといいでしょう。

Are you enjoying the party?
(パーティ楽しんでますか？)

Are you ○○'s friend?
(○○さん（主催者）の友だちですか)

How is the food?
(食べ物はどうですか？)

Wow, it looks delicious.
(これはおいしそうです)

Did you try that? It tastes really good.
(あれ食べました？　おいしいですよ)

自己紹介のタイミングは〇〇の後！

　では、いつ自己紹介すればいいかというと、先ほどのような**最初の会話に一区切りついたあと**です。**By the way, I'm 〇〇.**（ところで、私は〇〇といいます）と言えば、自然な流れで自己紹介ができます。その際、スッと手を差し出して握手できると、なおよしです。

　日本人どうしの場合、まず名刺を渡して、自己紹介をして……という流れになるでしょう。

　でも、外国人が相手の場合は、まず何気ない会話をしてから自己紹介、さらに仕事や趣味などひとしきり会話を楽しんだ後に「では、何かあったら連絡ください」と名刺を渡す、という流れのほうが自然です。

最近は、まず名刺を渡す場合もあるようですが、それも会話の流れ次第。日本人のビジネスの場でのパーティでよく見られるような、「すみません、もしよかったら名刺交換させていただけませんか？」というところから会話が始まるのは、やはり、ちょっと唐突で違和感を覚えます。

盛り上がっている輪の中への入り方

　以上が、1人でいる人に話しかけるコツでした。もう1つ覚えておきたいのは、話の輪に入るコツです。
　第1章でお話しした YES/NO をはっきりと伝えること同様、ここでも **ストレートに言うのが一番**。**What are you guys talking about?**（何を話しているの？）、**May I join?**（加わってもいいですか？）で OK です。
　輪に入りたいとは思いつつ、話の腰を折ってしまうのでは……と気が引ける人も多いようですが、欧米人は決してそんなふうに感じません。
　もちろん、よほど親密そうだったり、込み入ったりした雰囲気なら避けたほうが無難ですが、人が集まる場では分け隔てなく会話を楽しむ、というのが彼らの基本姿勢です。極端なことを言えば、パーティなどランダムに人が入り混じる場では、ただ興味ありげに横に立っているだけで輪に入れてくれることも珍しくありません（オフィスなどでは

逆に立ち聞きしていると思われ、悪い印象になります)。

　とはいえ、話しかけられるのを待つより、自分から話しかけるほうが、チャンスはより広がります。せっかくの機会なのですから、話しかけるコツ、話に入るコツを駆使して、できるだけたくさん英語を話すようにしましょう。

第2章　話がとぎれない英会話レッスン《テクニック編》

7 相手が話しやすい「会話の終わり方」

　会話がつづくかどうかは、会話の締めくくり方にもかかっています。中途半端に話がとぎれると、相手は、あなたの話が終わったのかどうかわからず、言葉を発するべきか迷います。

　あなたとしては、「話せるだけ話した、だから今度は相手に話してほしい」と思っていても、**「私の話はここまでです」というサインを出さなければ伝わりません。**

　そのサインとなるのが、**「結論」「質問」「オチ」の3つ**です。このうちのどれかで話を締めくくるように意識しましょう。

相手が話しだすタイミングを作ってあげよう

　「結論」は、前に説明した Conclusion のことです。「私は○○についてこう思います」「なぜなら○○だからです」「だから私はこう思います」の最終パートになります。

　次の「質問」とは、自分が話してきたことについて、相

手に問いを投げかけることです。たとえば「サッカー観戦が好き」という話をして、最後に「サッカー観戦は好き？」と聞けば、相手は答えざるを得ません。自然と相手に会話のボールを渡すことができます。

3つ目の「オチ」は、関西出身の人のほうが得意かもしれませんが、練習すればできるようになっていきます。

会話が「笑顔」「笑い声」で終わると気分がいいのは、万国共通です。ちょっとしたジョークを言ったり、おどけたりして話を終えれば、場が和んで話もより弾むことでしょう。

次にいくつか例を挙げておきます。ぜひこれらも参考にして、会話がつづくような話の締めくくり方を考えてみてください。

「結論」で終わるパターン

I think Japanese food is healthier than American food. Japanese children should eat more Japanese food. That's my two cents.

（アメリカ料理よりも和食の方が健康だと思います。日本の子供たちはもっと和食を食べた方がいいと思います。私の個人的な意見ですが）

「質問」で終わるパターン

I've been playing tennis since I was 5 years old. How about you? Do you play sports?
(私は5歳の頃からテニスをやっています。あなたはどうですか？ スポーツはやっていますか？)

「オチ」で終わるパターン

The other day, I saw my boss dating a woman other than his wife. So, I took a picture and ran away. Now, he can't fire me.
(先日、上司が彼の奥さん以外の人とデートしているのを見かけたんです。だから、写真を撮って逃げました。もう彼は僕をクビにすることはできません)

8 「トピック・マトリックス」で話すネタを見つけよう

　話す量を増やすためには、「話したい内容」を考えることが必要だと先ほどお伝えしました。

　ただ、いきなり「何について話したいか？」と言われても、ネタがぜんぜん浮かばない、という人もいると思います。話したいトピックを増やしていくには、何かしら考える取っかかりも必要です。ここでは「トピック探し」と「トピック増やし」がもっと簡単にできる方法を紹介しましょう。

　方法は2つ。よりシンプルな方法は、下記の2つの軸からトピックを探すことです。

❶ What ── 何を話したいのか（聞きたいのか）
❷ To whom ── 誰に話したいのか（聞きたいのか）

　何を、誰に。シンプルすぎて拍子抜けするかもしれませんが、じつは、ここすらはっきりしないまま「話したいことがない」と悩んでいる人も多いのです。

次のような表を作って、埋めてみましょう。慣れないうちは片方だけでもいいので、より具体的に書くことがポイントです。

トピック・マトリックス①

何を（what）	誰に（To whom）
例 日本のおもしろい観光スポットを伝える	例 交流会で出会った外国人

　次の方法は、もう少し複雑ですが、トピックを増やし、さらに整理しておくのに役立ちます。

　話のテーマは無尽蔵のように思えるかもしれませんが、つまるところ、「出来事について」か「人について」がほとんどです。そこで、この２つのテーマについて、自分がもっているネタを書き出してみましょう。「出来事」と「人」それぞれに、サブテーマがあり、さらには「現在・過去・未来」の時間軸があります。

　次ページのような表を作ると、単純計算で30個ほどもトピックが生まれます。もちろん、すべて埋めきらなくても、十分トピックを探し増やす足がかりにはなるでしょう。

トピック・マトリックス②

	過去	現在	未来
①出来事			
仕事			
遊び			
場所			
趣味			
ニュース系			
②人			
仕事			
遊び			
場所			
趣味			
ニュース系			

話す練習はトピックを選んでから はじめよう

　このようにある程度、話したい内容が整理できたら、実際に話す練習です。

> ・トピック１で使う単語を調べる
> ・トピック１で使う文法を学ぶ
> ・トピック１完成→トピック２以降も同じことをする

　次の章でもお話ししますが、話したいことに応じて必要な知識を得る学習をしたほうが上達は早くなります。話したいことがあるからこそ、話せるようになるのです。

　トピック・マトリックスに従ってトピックを集めることで、おのずと会話力はあがっていくというわけです。

　ここまでできれば、自力で会話を続ける「準備」はだいぶ整ったということです。

　話がとぎれてしまった、話題に困った……そんなときには、この表を思い出してください。そして **By the way**（ところで）などと前置きして話し始めれば、自分が中心となって会話を続けることができますね。

9 沈黙がおとずれたら、こうしよう！

「沈黙が怖い」というのもよく聞く話ですが、心配はありません。沈黙を切り抜けるコツは、相手の話に質問をするか、別の話題を振るか、あるいは、その相手との会話は終わらせて去るか、この３つです。

まず、相手の話に質問をするというのは、第１章でもお話ししました。

コツは「相手の最後のワンセンテンスを質問の足がかりにすること」ですから、厳密に言えば、実際に沈黙になってしまう直前がポイントです。もし沈黙が怖いのなら、「沈黙予防策」として、つねに相手の言葉尻を引き取って質問を作る、という意識を持っておくといいでしょう。

それでも沈黙をなんとかしたいなら……？

ふと沈黙がおとずれてしまった。でももう少し話したいな、というときには、思い切って別の話題を振ってみるの

も手です。一番いいのは、**「自分の最近の話」**です。

たとえば、下記のようなちょっとしたことでかまいません。

> **By the way, I'm going to Kyoto next week. Have you been to Kyoto?**
> (ところで、私は来週京都に行くんです。京都に行ったことはありますか？)
>
> **Are you into anything recently?**
> (最近ハマってることある？)
>
> **I just started taking yoga lessons.**
> (ちょうどヨガを習い始めたんです)

一度投げかければ、相手は何かしら返してくれるはず。これでまた1つ会話が広がります。

相手を不快にさせない話の終わり方

パーティなど大勢が集まる場では、一箇所で無理に会話を続けようとせず、さっと終わらせて去るのもいいでしょう。

そんなときは、

> **I'm going to get another drink. [I'm going to get something to eat.] See you later.**
> (飲み物［食べ物］とりにいきますね。では、また）
>
> **It was nice talking to you.**
> (お話しできて楽しかったです）

などと軽く言いそえるとなおよしです。

そしてまた別の人に話しかけたり、別の話の輪に入ったりすれば、さらに会話のチャンスが広がりますね。

10

連絡先は
こうやって聞こう！

　初対面の人と、その場限りで終わらせるのではなく、交流を続けられたらいいですよね。楽しく話せて、「今後も友だち付き合いしたいな」と思ったら、ぜひ、連絡先を聞いてみましょう。

　かつては連絡先といえばメールアドレスや電話番号で、聞くのにも勇気がいるものでした。でも SNS がだいぶ普及している今は、もっと気軽に相手とつながることができます。

　日本人同士でも、「電話番号を教えてください」「メアド交換しませんか？」より「facebook やってます？　友だち申請送ってもいいですか？」のほうが、ずっと一般的になりつつあるのではないでしょうか。

Are you on facebook?
(facebook やってますか？)

Can I friend you?
(友だち申請送ってもいいですか？)

このように、**外国人に対しても、まずはSNSでつながりたいと伝えるといいでしょう**。気軽に聞いてみてください。

相手に連絡先交換を断られても気にしない

さて、SNSでつながりたいと言って、相手にNOと言われたらどうしましょう？　ひとことで言えば、「気にしない」ことです。

前にもお話ししたように、彼らはもともとYES/NOをはっきり言うように育てられています。ですから人にNOと言われても気にしないぶん、自分が嫌だと思ったときには容赦なくNOと言います。そこに日本人的な配慮を期待するほうが、お門違いというものでしょう。

ただ、相手は傷つけるために言っているわけではなく、ただストレートに答えているにすぎません。「嫌がられた〜！　うわ、どうしよう」ではなく、「そっか、まあいいか」くらいに軽く受け流してください。

NOと言われていちいち気にしていたら、彼らとは付き合いきれません。欧米人のNOは、日本人のNOよりずっとさっぱりしていて、後腐れがない。そう考えておくくらいでちょうどいいと思います。

第2章
まとめ

- 相手の「なぜ？」に答える5W1Hを意識して話そう

- 「なんとなく」の気持ちには+αの情報を加えてくわしく言おう

- 高まった感情はエピソードで伝えよう

- 結論を先に伝えて、あとからくわしく話そう

- 「質問/答え方」の型をマスターして会話のキャッチボールができるようにしよう

- 出だし・説明・結論の順番を意識して話す量を増やそう

- 結論・質問・オチで話をまとめて、相手が話すタイミングを作ろう

- 話のネタは、あらかじめ用意しておこう

- 沈黙が訪れたら「by the way」で話題を変えよう

第3章

「話せない」「話すことがない」がなくなる英語の勉強のコツ

第3章のポイント

第3章は、英語を話すのが苦手な人でも、ちゃんと話せるようになるための英語の勉強のコツをお伝えします。英会話上手になるためには、モチベーションを保ちながら勉強をつづけることが必要です。そのためには、自分の本心と向き合い、自分に合っている勉強法でやらなければ時間の無駄になり、成果も出てきません。勉強を本格的に始める前に、自分の勉強のやり方を見つめなおしましょう。

コツ 1

英語を学ぶ理由をはっきりさせよう

　日本の中学校の英語の授業の大半は、「英語を話すため」のものではなく、「テストでいい点をとるため」のものと言っても過言ではないでしょう。

　事実、英語のテストと言えば穴埋め問題や選択問題ばかりで、一から英文を作って話す機会は少なかったな、という方も多いと思います。

　だから、中学校だけで3年間も英語を勉強するチャンスがあったのに、実際にはひと言も話せない……ということになっているわけですね。

　だからといって、中学英語が役に立たないわけではありません。「話すスキル」を身につけるために、中学英語を学びたいという意識を持って勉強をすると結果はまったく違ってくるのです。

　おそらく、英語を話すための文法的知識は、みなさん、すでに十分あります。やるべきことは、**すでにある基礎知識をとにかく「話すため」に使っていくこと**なのです。

英語を話したい理由を思い出そう

そのために、まず明確にしていただきたいことがあります。それは、**あなたが英語を学ぶ理由**です。朝起きて、突然「そうだ！　英語を勉強しよう」とは誰も思いませんね。ところが、この点がボンヤリしている人が意外に多いのです。

英会話学校でも、たいていの人が「英語がペラペラになりたいからです」と答えるのですが、それは目標であって理由ではありません。あなたは、なぜ英語を勉強したいのでしょうか？

- 道端で外国人観光客に英語で話しかけられたけど、話せなくてくやしい思いをしたことがあるから。
- 会社で隣の人が海外のお客様からの電話をとってしまい、すごく慌てているのを見て「こうなりたくない」と思ったから。
- テレビで、世界を股にかけて活躍する通訳者を見て、「あれくらい話せるようになりたいな〜」と思ったから。

……など、きっと、あなただけの「英語を勉強したい理由」「英語を話せるようになりたい理由」があるはずです。

実際に英語の勉強を進める前に、少し考えてみてください。

　何事も、**理由や動機がはっきりしているものほど達成するのが早いもの**。英会話のマスターも、例外ではありません。下の欄に、あなただけの英語を話したい理由を書いてみてください。

コツ 2

「達成レベル」を決めよう

さきほど、英語を学びたい理由をはっきりさせました。

では、その理由に見合うレベルの英語とは、どの程度のものでしょうか？

- 外国人観光客に英語で話しかけられたときに、すんなり受け答えができるレベル。
- 仕事で海外のお客様から問い合わせが入ったときに、失礼がないようにきちんと対応できるレベル。
- 世界を股にかけて活躍している通訳者と同じくらいに話せるレベル。

このように、挙げた例を見ただけでも、達成したいレベルは大きく異なりますね。

日常英会話を身につけたいのなら、ネイティブがよく使うフレーズから覚えていくほうが効率的です。仕事で英語を使いたいのなら、ビジネス英語から身につけたほうがいいでしょう。通訳者と同レベルを目指すなら、もっと幅広

い知識が必要です。

　そこで、先ほど明確にした「学びたい理由」に応じて、「将来の理想像」も下の欄に書いてみましょう。

「こんな話が英語でできるようになれたらいいな」――将来の理想の自分が話している英語が、あなたがこれから目指すべき英語のレベルです。

コツ 3

いつまでに達成するか決めよう

　今までに「学びたい理由」と「目指すレベル」を設定してきましたが、どんな理由、どんなレベルでも、瞬時にマスターするのは、さすがに無理難題というもの。がんばって学ぶほど、「成果」が見えてこないと焦りますよね。

　なかには「1〜2ヶ月で話せるようになりたいんです」と相談してくる方もいます。あなたも、「すぐにでも英語を話せるようになりたい！」と意気込んでいるかもしれません。

　しかし、あまりに気が急いていると、成果が見えないときのフラストレーションも募りやすくなってしまいます。「自分は語学習得に向いていないんじゃないか」「きっと、この学習法が間違っているんだ」と、せっかく続けてきた勉強を投げ出してしまう人も多いようです。

　ここでは、あなたの「成果」の基準となる目標の達成レベルを明確に決めて、次のページの空欄に書いてみましょう。

　学習の成果が見え始めるのは、だいたい4ヶ月後から。4ヶ月後から上達が自覚できるとして、最終的にあなたは、

いつまでに目指すレベルを達成しますか？

　1年後、3年後、5年後、10年後……自分のなかで「締め切り」を決めたら、焦らず、迷わず、着々と勉強を進めていきましょう。

　　　　　　　　　　　　　　　までに

　　　　　　　　　　　　　　　レベル

　　　　　　　　　　　　　　　までに

　　　　　　　　　　　　　　　レベル

　　　　　　　　　　　　　　　までに

　　　　　　　　　　　　　　　レベル

コツ 4

どうやって英語を話せるようにするか決めよう

　英語を学びたい理由、目指したい習得レベル、習得する期間（締め切り）。今までの話で、個々の「英語のゴール」はだいたい明確になりました。

　では、どうやったら、その習得レベルを、その期間で達成できるでしょうか？

　そう、ここで考えていただきたいのは**「HOW」——どうやって達成するかということ**です。

　たとえば、英語をマスターする方法には次のようなものがあります。

- 本を買って、家で勉強時間を確保する。
- 英会話スクールに通う。
- 英語を話すサークルに入る。
- 英語を話す外国人の友だちを作る。
- 思い切って英語圏に留学する。

自分に合った勉強法を選ぼう

　よく「がんばって勉強します！」と答える人も多いのですが、これは単なる意気込み。「HOW」ではありません。
　そもそも「がんばる」って、いったいどれくらいの努力をいうのでしょう。1日10分でしょうか、それとも1日2時間でしょうか？　人によって違います。
「がんばるぞ！」という気持ちだけでは、目標は達成できません。何事もそうですよね。

　英会話スクールに通うだけではなく、個人の年齢やライフスタイル、性格によって、最適な学習法は異なります。
　たとえば、家にいるとどうしても怠けてしまう、という人は英会話スクールに入って強制的に勉強時間を確保したほうが効率的です。一方、家でもきちんと勉強時間を確保できるし、そのほうがリラックスできて頭にも入りやすい、という人もいるでしょう。

　いくら目標がはっきりしていても、手段を誤れば、無駄に時間を費やしかねません。
　実際に英語を習得するには、「HOW」がもっとも重要。
しかも、**より具体的な「HOW」であるほど、達成ス**

ピードも達成度も上がるというわけです。

　目的地に向かう際にも、地図アプリを見て道のりを調べますよね。それと同様、「目標達成するのに、一番自分に合っていて、効果的な方法は何だろう？」と考えてみてください。

コツ 5

"勉強する"意識よりも "触れる"気持ちで やってみよう

　英語を確実に習得していくには、当然ながら「勉強」しなくてはなりません。

　ただ、勉強することを自分に無理強いするのも、じつはよくありません。

　みなさん、第一には仕事に家庭にと忙しく、その２番手や３番手にくる英語の勉強は、そう計画どおりにはいきませんね。

　そんななかで「勉強しなくちゃ、勉強しなくちゃ」というプレッシャーがかかりつづけると、ストレスがたまり、しまいには「英語嫌い」になってしまう危険があります。

　ですから、「英語を勉強する」時間がなければ、せめて**少しでも「英語に触れる」時間を大切にしてほしい**のです。

英語の勉強で挫折する人がやりがちなこと

　英語の勉強で挫折する一番の理由は、じつは「時間がない」でも「なかなか覚えられない」でもありません。

「英語を話すこと・英語を学ぶことが楽しくなくなる」ということです。

英語をマスターするためには、**壁にぶち当たっても「英語が好き」であり「話せるようになりたい！」というモチベーションが一番大切**なのです。

でも、ひとたび「英語ぎらい」になってしまったが運の尽き。そこから再度モチベーションを上げ、自分を勉強に向かわせるのは至難の業と言わねばなりません。

ただでさえ忙しい毎日、ポッと空き時間ができたときに、わざわざきらいなものに触れたいとは、誰も思いませんよね。こうして、どれほどの人が英語から遠ざかってしまっていることか……。

そういう人ほど、「勉強をつづけられなかった」という自責の念に苛まれているものです。

でも、一番よくなかったのは、勉強をつづけられなかったことではありません。忙しいなかで、自分に鞭打って勉強をつづけようとし、「英語を話すことが楽しくない自分」を作ってしまったことなのです。

「勉強する」より「触れる」がいい理由

そうはいっても、時間があるときだけ勉強すればいい、というのもちょっと違います。1週間でもブランクが空け

ば、以前覚えたことはほとんど忘れてしまいますし、上達していることも実感しにくいからです。

そこでおすすめしたいのが、先ほど言った**「せめて英語に触れよう」ということ**です。

では「勉強する」と「触れる」の違いは、なんだと思いますか？

たとえば、10個の英単語を「勉強しよう」と思うと、10個すべてを記憶するという結果を求め、達成できないと落ち込んでしまうでしょう。

ところが、10個の英単語に「触れよう」と思ったらどうでしょうか。極端に言えば「目に触れた」その時点で目的は達成されていますから、ぜんぶ記憶できなくても、落ち込まずに済みますね。

と、このように「英語に触れる」というのは、ひと言で言えば、「英語を勉強する」より、はるかに気がラク！これこそが、英語学習の最大の難敵、「英語ぎらい」にならない一番のコツなのです。

「勉強」は、こうしてやめる

ちゃんとした勉強でなくても、触れてさえいれば、完全なブランクとはなりません。着実な一歩でなくても１／３

歩や半歩くらいは前進したことになるでしょう。

　ですから、せめて「英語に触れる時間」は持てるように、**「つねに英語が目の前にある環境」を作っておいてください**。目に付く場所に英語教材やフレーズ集を置いておくだけでもかまいません。音楽アプリのお気に入りフォルダに、音声教材を入れておくのもいいでしょう。日常生活のなかで、つねに英語が「スタンバイ」していて、ちょっとしたすき間時間に、すぐに触れられる状態にしておきましょう。

　こうして「すぐそばに英語があることが当たり前」にしておくほど、「勉強」そのもののハードルもぐんと低くなります。

コツ 6

自分に身近なテーマを とりあげた教材を選ぶ

　よくハリウッド映画や英語圏のテレビドラマで、英語を勉強しようという人がいます。映画やドラマで聞こえてくるのは、もちろんネイティブたちの生きた英語。しかも、ストーリーを楽しみながら勉強できる！　と、いいことずくめの学習法に思えそうですが、1つ、大きな落とし穴があります。

　それは、「自分が実際に英語で言いたい内容が、ちっとも出てこない！」ということ。

　たとえば、「英語で恋愛話をしたい」と思っている人が、いくら刑事ドラマを見ても、実際に使える表現はほとんど身につけられないでしょう。一番の近道かと思いきや、とんでもない遠回りをすることになってしまうのです。

　すでに話したい内容がはっきりしているのなら、そこで実際に使えるフレーズをピンポイントで覚えていったほうがずっと効率的なのです。

単語がとっさに出てこない人の
残念な学び方

　教科書で文法を勉強したり、単語帳やフレーズ集で単語を暗記したりして、先に「覚えた英語のリスト」を頭の中に増やしていくという勉強方法があります。

　これが語学習得の正攻法に思えるかもしれませんが、話したい内容に的を絞らないままでは、単語やフレーズは増えても一向に話せるようになりません。映画やドラマで英語を勉強するのも、これと同じことです。

　実際に、以前、こんな生徒さんがいました。

　外国人と食事をしているときに、料理のソースが相手のネクタイに飛んでしまったのを見た。でも、うまく伝えられなかった。「それくらい言えるようになりたい」というのが、「英語を学びたい」と思った最初の動機でした。

　そこで、その生徒さんが選んだ学習方法が、まさに、海外ドラマを見て勉強することでした。ところが選んだドラマは、あろうことか、当時ちょうど流行っていた『プリズン・ブレイク』でした。

「生きた英語＝使える英語」ではない

　ご存知の方も多いことでしょう。『プリズン・ブレイク』は、無実の罪で死刑判決を受けた兄を助け出すべく、みずからも罪を犯してわざと投獄された弟が、兄や仲間とともに脱獄を試みる、というサスペンスドラマです。

　そんなハードボイルドな物語のどこに「ネクタイにソースが飛びましたよ」なんてのんきな会話が出てくるというのでしょうか。

　私たちだって、刑事ドラマでよく出てくる「ホシ」「ガイシャ」「科学捜査班」「捜査令状」なんて単語は、日常では滅多に使いませんよね。

　映画やドラマで使われているのは、たしかに「生きた英語」ですが、**話したいことが漠然としているなかではそういう「使う機会のない単語・表現」のリストを無駄に増やしてしまう可能性も高い**のです。

なぜ、覚えたはずの単語がとっさに出てこないのか？

　世間では「文法と単語をひととおり覚えていけば、そのうち、いろいろな話ができるようになる」という考えが一般的のようです。

でも、英語を片っ端から覚え、そのなかから臨機応変にピックアップして話せるようにするという方法は、特に大人にとっては無謀とも言えます。

　のべつまくなしに単語やフレーズを覚えたあげく、いざとなるとほとんど話せず、「あんなに勉強したのに……」と、一気にやる気を失うことになってしまうでしょう。

　前に、「英語を学びたい理由」「目指したいレベル」を考えていただきました。これらが明確になっていれば、すでに「話したい内容」も、ある程度は明確になっているはずです。となれば、**身近なテーマをとりあげた教材で学習したほうが、断然、習得は早くなります**。

　もし、「道端で外国人旅行者に道を尋ねられたとき、即座に答えられるようになりたい」というのなら、道案内の英語から学んでいけばいいですし、日本の観光名所を英語で説明できるようになりたいのなら、そこから学んでいけばいいのです。

「実用度」で選べば、覚えるのが早くなる

　これは、いわば英語学習のモチベーションを保つための、順序の問題です。

　まず大事なのは、**頭の中の単語やフレーズリストの「多**

さ」ではなく「実用度」。フレーズなら、使うアテのない200フレーズではなく、自分が話したい内容に使える10フレーズを覚えるだけです。覚える数はぐんと少なくて済みますし、何より「話したい」から、覚えも早くなります。

すると当然ながら、すぐに、しかも「けっこう話せる！」「伝わる！」という手応えを感じられます。

こうして手応えを感じると、否が応でもモチベーションは高まり、おのずと話せる幅も広がっていく。結果、かなりの会話力が効果的かつ効率的に身につくというわけです。

コツ 7

完璧さより、何を話したいかを重視する

　頭の中は学校で習った文法の知識でパンパン。でも、いざ話すとなると「文法は合っているだろうか？」と気になって、言葉が全然出てこない。

　これは英語を一生懸命勉強してきた人ほど、ありがちなことではないでしょうか。

　ただ、そんな胸の内を、相手は知る由もありません。

　完璧を目指すあまり会話がとぎれがちになれば、相手から「この人は、あまり人と話したくない人なんだな」と思われてしまうでしょう。

　日本語のネイティブだって、文法的に完璧な日本語なんて話してはいないはずです。それでも、何ら問題なくコミュニケーションできていますよね。

　大事なのは、**完璧であることではなく、コミュニケーションの意志**。「このことについて伝えたい！」という気持ちなのです。ですから、もう少し気楽に考えて英語を話してみてください。

うまく話せなくても、外国人と仲良くなる人がやっていること

一度でも英会話を習得しようと思ったことのある方なら、「完璧を目指さなくていい」というのは、すでに耳にタコかもしれません。そうはいっても、どうしても気になってしまう……だから、苦労しているわけですね。

では、完璧さを重視するのをやめるだけでなく、別に重視するものを見つけたらどうでしょうか。

たとえば、「完璧さ」より**「何を話したいのか」を重視するということ**。ただ「英語を話そう」でなく、「話したいことを話そう」と考えると、自然と、先ほど述べた「コミュニケーションの意志」が生まれます。

すると「文法的に正しいかどうか」なんて心配は、一気に吹き飛んでしまうのです。

話したいネタをたくさんストックしよう！

たとえば、映画好きの人が映画の話を始めた途端、次々と言葉が出てきた。英語はブロークンそのものだったけれど、好きな作品や監督、俳優のことなど、言いたいことはバシバシ伝わってきて、楽しく会話ができた。

こんなふうに、**「完璧でありたい」より「伝えたい」**と

いう気持ちが勝ったとき、人は、何も気後れなく、堰を切ったように話し出すものなのです。そんな生徒さんを、今までにもたくさん見てきました。

　まず完璧さを重視してしまうのは、見方を変えれば、「話したいこと」がはっきりしていないから、なのかもしれません。

　言語は知識ではなく、コミュニケーションツール。

　この当たり前の事実に、再度、立ち返ってみましょう。

　英語は、話す場数が増えれば増えるほど、上達していくものです。そして、何より自分自身の「会話を楽しむ姿勢」「話したいことを話す意志」こそが、間違いを恐れず、話す場数を踏みつづける一番の推進力となるのです。

コツ 8

話したいトピックを少しずつ増やす

　英会話の上達には、「コミュニケーションの意志」が不可欠。そのためには、「何を話したいか、伝えたいか」を重視することであり、その「話したいこと、伝えたいこと」に使える表現から覚えていく学習方法が、もっとも効率的であり効果的です。

　今までの話で、これらの点はご理解いただけたのではないでしょうか。

まず、「自己紹介」を充実させよう！

　ではここで、実際に少しやってみましょう。趣味の話などは個々で異なりますから、まず、誰もがこれだけは避けて通れない**「自己紹介」**の練習からです。

　次の5センテンスが言えれば十分ですが、関係のない単語やフレーズを覚える勉強法だと、かなり勉強してもなかなかこれらが言えるようになりません。まずは、この5つを言えるようにすることから始めてみてください。

❶ 最初の挨拶

Nice to meet you. I'm 〜 .
(はじめまして。私は〜 [名前] です)

❷ 住んでいる場所

I live in 〜 .
(私は〜に住んでいます)

❸ 出身地

I'm originally from 〜 .
(私は〜出身です)

❹ 仕事

I work for 〜 company.
(私は〜の会社で働いています)

I'm a 〜 .
(私は〜 [職業] です)

❺ 好きなこと

I like 〜 ing.
(私は〜するのが好きです)

I like 〜 .
(私は〜が好きです)

I do 〜 .
(私は〜をします)

勉強はテーマを設定すれば早く身につく

　目的を定めずに片端から勉強していくと、どうしても、自己紹介ができるようになるまでの「寄り道」が多くなってしまいます。

　でも、先に「自己紹介できるようにしよう」などとテーマを設定すれば、先ほどお伝えしたように、そこで**必要な表現だけを頭に入れていくことができます**。

　英語学習とは、要するに、このくり返しです。
「自己紹介」ができるようになったら、たとえば次は「趣味の話」、次は「仕事の話」、次は「日本文化の話」……。というように、1つクリアするごとに新しいトピックを設定し、それに必要な単語やフレーズを覚えていけばいいのです。

　目安としては、**20トピックほども頭に入れれば、相当なレベルで話せるようになっています**。

　そう考えると、英会話の勉強って、とても簡単で楽しいことに思えてきませんか？　誰だろうと何歳だろうと、決してあきらめる必要はないのです。

コツ9

やる気のあるときだけ集中してやる

　英語学習の最大の難敵は、「英語ぎらい」になってしまうこと。この難敵を避けるには、勉強のプレッシャーを自分にかけすぎないことが大切だと、先ほどお伝えしました。

　たとえば、一念発起して「1日1時間、英語を勉強するぞ！」と決めたとしましょう。でも、ときには仕事が忙しかったり、家の用事が重なったりしてヘトヘト……ということもあるでしょう。
　そんなときは、勉強しなくてもかまいません。
「今日は勉強できなかった！」と自分を責めることもありません。**勉強は、やる気が高まったときに集中してやればいいのです。**

　とりわけ日本人に多く見られる傾向のようですが、「成果は苦しんだ先にこそ表れる」と考えている人はたくさんいます。
　これがスポーツなら、たしかに血のにじむような苦しい

努力をするほど実力がつき、成果が出るということも多いのでしょう。しかしこれだって、根っこでは**「好きだから」が最大のモチベーションであり、つづけることができるからこそ成果につながっているのです。**

ふと「勉強したくなる瞬間」に集中する

ですから、モチベーションが下がっているときには、決して無理をしないこと。前に述べたように、せめて英語に「触れる」だけに止めましょう。ただし、その代わり、**自分のモチベーションの変化には、特に敏感になってください**。

というのも、モチベーションがガクンと下がっているときでも、**「ふと無性に勉強したくなる」**ことがあるからです。この瞬間を逃さないことが大切です。

英語学習は、勉強する時間の長さや質も大切ですが、それ以上に、勉強する頻度がものを言います。「1日1時間を週に1回」と「1日10分を毎日」を比べたら、後者のほうが、より上達は早いと言えます。

だからこそ、ふとやる気が高まった瞬間を逃さず、英語に触れつづけることが、上達につながるのです。

しかも、無性に勉強したくなったときなどは、「10分だ

けやるか」と思っても、始めてみたら意外と没頭してしまうもの。気持ちが停滞しているなかでも、ヒョコッと「モチベーション曲線」がＵＰするタイミングを、見逃さないようにしましょう。

コツ 10

アウトプットしながら「インプット」する

　とかく生真面目な日本人の性質なのか、「ひととおり英語を勉強したら話してみよう」と考えている人が、いまだに、すごく多いと感じます。

　ひとまず習ったことをどんどん覚えていって、頭のなかの知識が十分になったら話せるようになるはず……。

　そんな夢を抱いているのかもしれませんが、はっきり言いましょう。**習ったことを覚えるだけでは、英語を話せるようにはなりません。**

　英語学習の正しい順序は、「習う→覚える→使う」ではなく、**「習う→使う→覚える」**。つまり「使う」が先にこないと、「覚える」ができないのです。

　「ひととおり覚えてから使おう」と思っていては、いつまでも使うタイミングは訪れません。単語も慣用句も、無限とも言えるほどたくさんあるからです。

　あなた自身、『広辞苑』に載っている日本語、『漢字林』に載っている漢字を、すべて覚えたうえで日本語を話して

いるわけではないでしょう？

　実際に使いこなせる表現というのは、使用頻度の高いもの、つまりさんざん使って覚えているものだけ。逆に、習ったことがあっても、ほとんど使ったことのない言葉や漢字は、どんどん忘れていっているはずです。

　人間の脳には、いつ使うかどうかもわからない知識を大事に取っておくほどの余裕はないのです。

自分の「わからないこと」に早く気づこう

　これが英語なら、なおのこと。手当たり次第にインプットを増やして「ふむふむ、これは、こういうときに使えるんだな（それがいつかはわからないけれど）」と思っていても、まず99％忘れてしまうでしょう。

　ところが一度でもアウトプットする、つまり実際に使ってみると、だんぜん違います。

　伝われば「使える知識」として定着しますし、「こういう話をしたかったけど、それには、これが足りなかったな」という場合も多々あります。

アウトプットしてみてはじめて、「わからないこと」もわかる、というわけです。

まずアウトプットすることが、英語マスターへの最短の道

　わからないことがわかったのなら、そこを強化すればいいだけ。むやみにインプットばかり増やすより、ずっと英会話力は高まります。

　つねに**インプットとアウトプットをセットにすれば、英会話は必ずできるようになります**。

　まずは、とにかく英語を口から出すこと。習ったら使ってみる。使えばこそ覚えるし、新たな弱点も見えてくる。そこでまた習って、習うそばから使ってみる。

　実際に言ってみる相手がいなければ、習った（本で読んだ）単語や慣用句を使っていくつか文章を作り、音読してみるのでもいいでしょう。こうして言いたいことを、確実に言えるようにしていきましょう。

　そして、この単純なくり返しによって言えることの範囲をどんどん広げていった先に、夢の「英語ペラペラの自分」が実現するのです。

第3章
まとめ

- ☑ 英語を話したい理由をハッキリさせよう
- ☑ 自分の理想の「話せるレベル」を決めよう
- ☑ 「英語を話せるようになる日」を明確にしよう
- ☑ 自分に合った学習法は何か考えよう
- ☑ 英語に触れる頻度をトコトン増やそう
- ☑ 自分が英語を使うシーンに合った教材を選ぼう
- ☑ 「完璧に話すこと」より「伝えたいことを話すこと」を大切にしよう
- ☑ 話す話題を決めて「使える英語」を増やそう
- ☑ アウトプットで自分の「わからないこと」を明確にしよう

第4章

もう文法で迷わない！話すための中学英語の復習

第4章のポイント

第4章では、話すための英文法の復習をします。おそらくみなさん、英語を学校で一度は習っているはずですが、残念ながら学校で習った英語の知識のままではなかなか話せるようになりません。この章を読んでいくうちに、実際によく使う文法は中学校で習った使い方とは少し違うことに気づくはずです。学校で習った「テスト用の英語」を、みるみる「話すための英語」へと変換していきましょう。

1 ネイティブは文法をこう考えている

　あなたが物心ついたときには、すでに日本語を話していたように、英語のネイティブたちも、最初に文法を習ってから英語を話しだしたわけではありません。

　でも、暗黙の了解のようにして文法的な法則を共有しています。そうでなくては、いくらなんでも話が通じ合いませんね。

　では、ネイティブたちは英文法をどのように理解しているかというと、それが多くの日本人が中学校で学ぶ形とはちょっと違うのです。

ネイティブは「主語・動詞・目的語・補語」などは考えない

　中学校では、英文の組み立てを「S・V・O・C」などと習いますね。「主語・動詞・目的語・補語」の順で単語を並べるんだと、暗記した方も多いことでしょう。

　でも、英語ネイティブに「S・V・O・C」と言っても、おそらく半分以上の人が何のことかわからないでしょう。

「S」「V」までは「**Subject**（主語）と **Verb**（動詞）だよね」と思っても、「O」になると「えっと、**Object**（目的語）かな？」と怪しくなってきて、「C」（補語）になると、おそらく答えられるネイティブは2割もいないと思います。**ネイティブにとっては「O」か「C」かを考えることは、あまり意味がない**のです。

動詞のあとはすべて追加情報

では英語のネイティブは「S」と「V」だけで会話をしているかといえば、そんなはずはありません。ネイティブは、**「S・V」のあとはすべて「A」で考えている**のです。

中学校英語では登場しなかったこの「A」とは、いったいなんでしょう？　これは**「Additional information」**、つまり**「追加情報」**です。先ほどの「O」も「C」も、ここに含まれます。

言いかえれば、ネイティブは「これは目的語」「これは補語」などと区別しておらず、**主語、動詞のあとはすべて「追加情報」として、まとめて考えているということ**なのです。

たとえば、「昨日、渋谷のレストランで友だちとハンバーガーを食べました」と言いたいとします。

このとき、行動をした「人」は誰なのか（S）ということと、「何をする（した）」のか（V）ということをまずはっきりさせましょう。この例でいうと、「私」が「食べた」ということなので、**I ate**（S + V）ですね。

　このあと内容を詳しく述べていく場合は、Vに対して重要度の高い順に追加情報を並べていきます。この場合は、「食べる」という動詞に一番関係するのは「何」を食べたかですから、**a hamburger** ですね。
　すると、次の文章が完成します。

I ate a hamburger.
（私はハンバーガーを食べました）

　さらに「誰と」（友人と = **with my friend**）食べたのか、「どこで」（渋谷のレストランで = **at a restaurant in Shibuya**）食べたのかという情報を追加すると、

I ate a hamburger with my friend at a restaurant in Shibuya.
（友だちと一緒に、渋谷のレストランでハンバーガーを食べました）
　となります。最後に「時」（昨日 = **yesterday**）で締め

ると、

I ate a hamburger with my friend at a restaurant in Shibuya yesterday.
（昨日、渋谷のレストランで友だちとハンバーガーを食べました）

となり、これで言いたいことが伝わる文章ができました。

動詞のすぐあとは「動詞に1番重要な情報」がくる

「S・V」のあとは、まず**「動詞に一番重要な追加情報」がきて、最後は「時間」で終わると覚えておけば、その間の順序はあまり厳密なものではありません**。with my friend at a restaurant in Shibuya でも at a restaurant in Shibuya with my friend でもいいということです。

また、「頻度」を表す場合も、副詞でなければ、順序は同じ。たとえば「月に一度、東京ドームで野球の試合を見ます」なら I watch baseball games at Tokyo Dome once a month. となります。

この場合も「見る」という動詞に対しては「野球の試合」が一番必要な追加情報なので、**baseball games** が先、そのあとに「場所」「頻度」がくるわけです。

ただし、おそらく覚えている方も多いと思いますが、「頻度を表す副詞」——always/usually/often/sometimes/neverなどは、**I often watch** ～というように動詞の前にきます。これは動詞とセットで覚えておきましょう。

追加情報を足せば具体的に表現できる

これが「S・V・A・A」で文章を考えるということですが、もうお気づきのように**「A」は2つだけとは限りません**。「A・A・A……」と追加情報を足していくと、それだけ具体的な説明が多くなり、外国人には、より伝わりやすくなります。長い文章も元をたどればすべて「S・V・A・A」で、しかも7〜8割は、今挙げた例のような単純なものです。そう考えると、英文を組み立てることも、一気にラクに思えるでしょう。

2 この「時制」だけで英語はほとんど伝わる！

　優先順位をつけると、達成も早くなる。これは仕事でも言語習得でも変わりません。ところが、中学校で習う英語は「テストの問題にまんべんなく答えられるため」なので、内容に優先順位がついていません。

　じつは、これこそが日本人の英語の上達を妨げているのではないか。そう言っても過言ではないくらい、すべてが「同列」で教えられていると感じます。

　とくに「時制」がそうです。現在形、過去形、未来形、過去進行形、現在完了系、過去完了形……ひととおり習いますが、こと「実用」という側面から考えると、**「よく使う時制」「たまに使う時制」「あまり使わない時制」**があります。

　となれば、当然「よく使う」順に覚えたほうがずっと手っ取り早く英語を習得できるでしょう。

ネイティブは「過去完了形」はほとんど使わない

ネイティブが使う時制を頻度別に分けるとこうなります。

> **よく使う**
>
> 現在形、過去形、未来形、現在進行形
>
> **たまに使う**
>
> 現在完了形、現在完了進行形、過去進行形
>
> **あまり使わない**
>
> 過去完了形

現在形、過去形、未来形、現在進行形、これら４つの時制だけで、ほとんど伝わると考えてかまいません。ここに、たまに使う程度の現在完了形と現在完了進行形が加われば、もうパーフェクト！ と言ってもいいくらいです。

反対に、過去完了形はしっかりマスターしたところで実際にネイティブが過去完了を使う頻度は、せいぜい月に一度あるかないか、というくらいです。なぜなら、厳密に考えれば過去完了形で言ったほうがいい場合でも、実際には過去形で済ませてしまう場合がほとんどだからです。

必要なことから先に覚えよう！

　時制のほかでは、複雑な比較表現や命令形も、じつはあまり使いません。

　私たちネイティブが日本の受験用の英語教科書や参考書を見ると、「こんな複雑な文章、誰がいつ言うんだろう？」「こんなに複雑に文法を駆使するシチュエーション、ありえないよね」と混乱することも多いのです。

　このように、使う頻度には天と地ほども差があるのですから、すべてをまんべんなく覚えようというのは、半ば徒労というもの。

　この本では、比較表現・命令形・受動態など、あまり使わないものも必要最低限は解説していますが、**まずは実際によく使う時制から重点的に覚えていきましょう。**

　「たまに使う」「あまり使わない」は、余力の範囲で、一応の知識として頭に入れておけばいいのです。

3 シチュエーションを意識して使うことが大切

　日本語を話すときに、つねに文法を意識している人はおそらく1人もいないと思います。それと同様、英語で話すときにも、文法を意識しないことが上達のコツと言えます。

　もちろん、英語を話すためには、文法的な知識が必要です。先ほどは、それにも優劣をつけて、より使う頻度の高いものから覚えていこう、という話でしたね。

　ただ、勉強するときは現在形、過去形などと覚えていっても、実際に使うときには、いちいち「これは現在形でいう」なんて考えません。

　会話力にはテンポ、瞬発力も含まれます。言葉を発するごとに考えていては追いつきません。言葉は、その場その場の判断で発していくもの。大切なのは**「シチュエーション」を意識して言葉を発すること**なのです。

「命令形＝使うべきではない」というわけではない

　たとえば、「コップとって」と言いたいときに **Get me**

a cup. では感じが悪くなります。こういう場合には **Can you get me a cup?** などが適当です。でも、目の前の人が悪くなった食べ物を口に入れようとしていたら、**Don't eat it!**（それ食べないで！）になります。

　日本語を見れば、「コップとって」も「それ食べないで！」も命令形です。でも、シチュエーションによって、命令形にするか、お願い文にするかは分かれる。だから、「命令形＝動詞から始める」と杓子定規で考えるのではなく、シチュエーションに応じて、ふさわしい言い方を判断する必要があるわけです。

丁寧さにこだわりすぎると、不自然になる場合もある

　先ほど **Can you ～?** を挙げましたが、こういう「お願い文」でも、同じことが言えます。

　中学校の英語の授業では「『お願いするとき』にはいくつか言い方があります」と習いますね。おそらく **Can you ～?** がもっともカジュアルな言い方で、**Could you ～? Would you ～?** だとより丁寧、さらには **Do you mind if I ～?** だともっと丁寧、と習ったと記憶している方も多いことでしょう。

　でも、実際に使う場面になると、相手と自分の距離感以上に、やはりシチュエーションが大事になります。

たとえば、いつものように事務的な書類に上司のサインをもらうシチュエーションで、丁寧すぎる表現を使うと少し仰々しく、相手を警戒させてしまいます。いつもしている当たり前の行為なのに……と、違和感が生じるのです。

いまいちな会話

Do you mind if I asked you to sign this?
(もし可能でしたら、この書類にサインをしていただきたいのですがよろしいでしょうか……)

……Oh, okay?
(え？　いいけど。[なんだ？　何か後ろめたいことがある書類なのか？])

自然な会話

Can you sign this?[Could you sign this?]
(サインをいただいていいですか？)

Sure.
(わかりました)

　こういうときは、もっとライトな言い方をしたほうが自然です。

逆に、手が離せなくて同僚に書類のコピーをお願いしたいとき、もし相手も同じく忙しくしている状況ならば次のような言い方をしたら少し気を悪くさせるかもしれません。

いまいちな会話

Can you make photocopies of this?
(この書類コピーしといてもらっていい？)

……Okay.
(……いいよ［こっちも忙しいのに……］)

自然な会話

Do you mind if I asked you to make photocopies of this?
(可能なら、この書類コピーしてもらいたいんだけど、いいかな？)

Okay.
(わかったよ)

これだと「申し訳ない」というニュアンスが加わり、シチュエーションに適した言い方になります。

　日本語でお願いするときも、シチュエーションによって言い方を微妙に変えますよね。それとまったく同じことなのです。

　一時が万事で、文法の知識は必要ですが、あまり文法を気にしていると、逆にスムーズに言葉が出てこなくなってしまいます。

　最初は気になっても、そのうち気にせず話せるようになるだろう、ではありません。最初から気にしない練習、もっといえば、シチュエーションで判断する練習が必要なのです。

　あなたの目標は、テストに答えられるようになることではなく、英語を話せるようになることですよね。

　だったら、知識を入れたあとは、文法にとらわれないようにすること。**シチュエーションで判断する練習をしていくと、徐々に会話のテンポや瞬発力も身についてきます。**

　では、ここからネイティブがよく使う順に、中学校で習った英文法をおさらいしていきましょう。

復習1

現在形の使い方
直後の単語をセットで覚えよう！

現在形を使うとき

- 自分に関する基本情報
- 習慣的なこと

まず現在形ですが、ここでbe動詞と一般動詞について一気に頭に入れてしまいましょう。

be動詞は「状態を表す動詞」です。体調や気持ちなども含め「こういう状態です」というときに使います。

たとえば **I am happy.**（私は幸せです）や、**She is sick.**（彼女は具合が悪いです）という具合です。

それに対し**一般動詞は、現在形だと主に「習慣」「好き嫌い」「趣味」を表すときに使います**。

たとえば自己紹介などで、「ヨガをします」「毎日走ります」「たまにゴルフをします」「インド料理が好きです」「音楽を聴くのが好きです」などと言うときですね。

動詞の形に気をつけよう

　be動詞も一般動詞もそうですが、主語によって動詞の形が変わるので注意が必要です。主語が **He/She/This/That/It** のときは一般動詞の最後に「**s**」をつけて発音します。よく使う **do** は **does**、**have** は **has** となります。

主語によって変わるbe動詞の形

I am ～　私は～です
You are ～　あなたは～です
He/She is ～　彼／彼女は～です
This/That/It is ～　これ／あれ／それは～です
We are ～　私たちは～です
They are ～　彼らは～です

主語によって変わる一般動詞の形[haveの場合]

I have ～　私は～を持っています
You have ～　あなたは～を持っています
He/She has ～　彼／彼女は～を持っています
We have ～　私たちは～を持っています
They have ～　彼らは～を持っています

直後にくる単語とセットで覚えると効率的

　ここで、動詞を覚えるときのコツを1つご紹介しましょう。おそらく、1つひとつ動詞を覚えていく人が圧倒的に多いと思いますが、**よく使う動詞ほど、直後に来る単語とセットで覚えたほうが断然、会話力アップにつながります。**

　たとえば、「買い物に行く」と言いたいときに **go to shopping** と言う人がとても多いのですが、これは間違い。**go shopping** が正解です。ほかにも、日本語では同じ「する」でも、「ヨガをする」は **do yoga**、「ゴルフをする」は **play golf** というように異なるものもあります。

　こういう覚え方をしておけば、知っている単語数は多いのに、いざとなるとどう言うか迷ってしまう、ということにはなりません。セットで使うことで、次にくる単語が反射的に口から出てくるようになります。これこそ生きた英語の覚え方、と言っていいでしょう。

　次のページには、セットで覚えるといい動詞の一覧を載せていますのでぜひ使ってみてください。142ページから現在形の肯定文、すぐ次には疑問文／否定文を載せていますので、肯定文からいろいろな文章を作れるように練習してみましょう。

直後の単語とセットで覚えるといい一般動詞

go shopping	買い物に行く
have breakfast/lunch/dinner	朝食／昼食／夕食を食べる
have a date	デートする
do yoga	ヨガをする
play golf	ゴルフをする
take a trip	旅をする
take ～ lessons	～のレッスンを受ける
like ～ ing	～するのが好き
make a reservation	（レストランの）予約をする
make an appointment	（仕事や病院の）予約をする

直後の単語とセットで覚えるといいbe動詞

I'm excited.	ワクワクしている
I'm impressed.	感心している
I'm tired.	疲れている
I'm bored.	退屈している
I'm happy.	うれしい
I'm interested.	興味を持っている
I'm embarrassed.	はずかしい
I'm ecstatic.	有頂天になっている
I'm fulfilled.	満足している

現在形の例文

I am hungry.
(私はお腹がすいています)

I am from Hokkaido.
(私は北海道出身です)

I go shopping every Sunday.
(毎週日曜に買い物に行きます)

I play golf once in 2 months.
(2ヶ月に1回ゴルフをします)

現在形の文を疑問文/否定文にしよう

現在形の疑問文

Are you hungry?
(あなたはお腹がすいていますか？)

Are you from Hokkaido?
(あなたは北海道出身ですか？)

Do you go shopping?
(買い物に行きますか？)

Do you play golf?
(ゴルフをしますか？)

現在形の否定文

I am not hungry.
(私はお腹がすいていません)

I am not from Hokkaido.
(私は北海道出身ではありません)

I don't go shopping every Sunday.
(毎週日曜に買い物に行きません)

I don't play golf once in 2 months.
(2ヶ月に1回もゴルフをしません)

復習2

過去形の使い方
「状態の変化」に気をつけよう！

過去形を使うとき

● 過去の出来事（普通の過去形）
● 前やっていたけど今はやっていないこと

　次は過去形です。前項で現在形のbe動詞と一般動詞をおさらいしましたが、それぞれ過去形もあります。やはり主語によって過去形のbe動詞も一般動詞も変化します。

　be動詞の過去形は、**am/is**は**was**、**are**は**were**になりますね。一般動詞の過去形は、動詞の末尾に「**ed**」をつけますが、なかには、**do**の過去形は**did**、**go**の過去形は**went**というように不規則に変化するものもあります。中学生のころに不規則変化動詞を丸暗記した人も多いと思いますが、ここでもよく使う動詞だけ覚えておけば十分です。

　次のページに現在形の説明で出てきた「直後の単語とセットで覚えるといい一般動詞」を過去形にして示していますので、ぜひ会話の中で使ってみましょう。

直後の単語とセットで覚えるといい一般動詞（過去形）

went shopping	買い物に行った
had breakfast/lunch/dinner	朝食／昼食／夕食を食べた
had a date	デートした
did yoga	ヨガをした
played golf	ゴルフをした
took a trip	旅をした
took ～ lessons	～のレッスンを受けた
liked ～ ing	～するのが好きだった
made a reservation	（レストランの）予約をした
made an appointment	（仕事や病院の）予約をした

直後の単語とセットで覚えるといいbe動詞（過去形）

I was excited.	ワクワクしていた
I was impressed.	感心していた
I was tired.	疲れていた
I was bored.	退屈していた
I was happy.	うれしかった
I was interested.	興味を持っていた
I was embarrassed.	はずかしかった
I was ecstatic.	有頂天になっていた
I was fulfilled.	満足していた

過去形の例文

I went shopping.
（私は買い物に行きました）

I had lunch with my friend.
（私は友人と昼食を一緒に食べました）

I was excited.
（ワクワクしていました）

I was happy.
（うれしかったです）

過去形の文を疑問文/否定文にしよう

過去形の疑問文

Did you go shopping?
(買い物に行きましたか？)

Did you have lunch with your friend?
(友人と昼食を一緒に食べましたか？)

Were you excited?
(ワクワクしていましたか？)

Were you happy?
(うれしかったですか？)

過去形の否定文

I didn't go shopping.
(私は買い物に行きませんでした)

I didn't have lunch with my friend.
(私は友人と昼食を一緒に食べませんでした)

I wasn't excited.
(ワクワクしていませんでした)

I wasn't happy.
(うれしくありませんでした)

「状態の変化」を表すときはgetを使ってみよう

過去形で1つ気をつけたいのは、**「状態の変化」**を言うときです。**一般動詞を使うべきところで、過去形be動詞を使ってしまうという間違いをする人がじつはとても多い**のです。

たとえば、「友だちが結婚した」を英語にすると、どうなると思いますか？ 英語で「結婚している」は **be married** ですが、これを単純に過去形にしてしまうと、**My friend was married.**（私の友人は結婚していた）という状態になります。つまり「結婚しているという状態」が過去のものであり、今は離婚した状態にある、という意味になってしまいます。

このような「状態の変化」を表すときは、一般動詞 **get** を使います。

つまり「結婚していない状態から結婚した状態へと変化する」は **get married** ですから、「結婚した」は **get** の過去形を使って **got married** になるのです。**get** 〜は、ネイティブがとてもよく言う表現ですから、使えるようになると、一気に英語に慣れた感じが出ます。

一般動詞とbe動詞を間違えるとこうなる

それでは、次の例文を見て先ほどの一般動詞とbe動詞のニュアンスの違いを感じてみましょう。

いまいちな会話

What did you do last weekend?
(先週末は何をしましたか？)

I went to my friend's wedding party. My friend was married last week.
(友人の結婚パーティに行きました。友人は先週結婚していました)

……Oh, I'm so sorry…
(まあ、それは残念ですね)

自然な会話

I went to a wedding party. My friend got married last week.
(結婚パーティに行きました。私の友だちが先週結婚したんです)

Oh, that's great!
(よかったね！)

意外と便利な「used to ～」の使い方

　最後にもう１つ、便利な過去形を紹介しておきます。

　それは **used to ～** という（前は～でした／昔は、以前は）表現です。「前はそうだったけれど、今は違う」という意味ですね。

　日本人の生徒さんで使いこなしている人はあまり見かけないのですが、これもネイティブがよく使う表現です。実際、覚えておくと、いろいろな場面で使えることを実感するでしょう。

　次のページに get と一緒によく使う例を挙げておきますので、ぜひ自分でも文章を作ってみてください。

　ちなみに、過去のことを言うとき **「過去形を使ったらいいか、現在完了形を使ったらいいか迷う」という方も多いのですが、迷うときは、過去形で OK な場合がほとんど**です。

　のちほど現在完了形の使い方も説明しますが、よく使う現在完了形の例を読めば、どのように過去形と使い分ければいいか、もっと理解できるでしょう。

ネイティブがよく使うgetを使った表現

I got it from a friend.	友人からそれをもらった
I got it at a souvenir shop.	お土産屋でそれを買った
I got up at 8 am this morning.	今朝8時に起きた
I got tired of eating the same thing everyday.	毎日同じものを食べるのに飽きた
I got angry.	怒った
I got here 2 minutes ago.	2分前にここに着いた

ネイティブがよく使うused toの表現

I used to live in Hiroo.
（前は広尾に住んでいました）

I used to play the piano a lot.
（前はよくピアノを弾いていました）

I used to like pizza.
（前はピザが好きでした）

My office used to be in Azabujuban.
（前は麻布十番に会社がありました）

I used to dislike sushi.
（以前はお寿司が嫌いでした）

第4章 もう文法で迷わない！ 話すための中学英語の復習

復習 3

未来形の使い方
じつは5つもある！未来の言い方

未来形を使うとき

- 決めている予定
- 決まっている予定（予約・約束・日付が決まっているもの）
- かもしれない
- しないといけない
- 今決めたこと・今思いついたこと・約束・宣言

では、未来形へと進みましょう。未来形といえば、中学校では **will** と **be going to** ですよね。

しかし、実際に未来のことを話そうとしたとき、**will** と **be going to** 〜だけでは足りないのです。

未来を意味する表現

I'm going to 〜 ○○（時期）に〜する（決めている予定）

I'm 〜 ing 今度〜する（決まっている予定）

> I might ～　～かもしれない
> I have to ～　～しないといけない
> I will　～よし／じゃあ／～する（今決めたこと）

　未来形として頭に入れておきたいのは、この5つですが、中学校で習ったのとちょっと違う……と思った人も多いことでしょう。**実際によく使うのはこの5つ**なのです。予定の確実性うんぬんより、日本語のニュアンスに置きかえて使ってみましょう。

　決まっている予定を言い表すときには、**I'm going to ～** と **I'm ～ ing** の2つを使います。
　日付は明確に決まっていないけど確実な予定を言い表すときは **I'm going to ～** を使います。
　一方、「予約があるとき」「約束があるとき」「日付（時期）が決まっているとき」、また出発や引っ越しなどは **I'm ～ ing** を使います。厳密に「いつ」と言及しなくても、**I'm ～ ing** を使うと覚えておきましょう。
　なかには「**I'm ～ ing** は近い未来を言うときに使う」と習った人もいると思いますが、予定が近いか遠いかは関係ありません。予定が遠くても日付が決まっていれば、**I'm ～ ing** と言います。

I'm going to と I'm 〜ing を比べてみよう

それでは、実際に見比べてニュアンスを感じてみてください。

ニュアンスの違いを感じよう①

I'm going to have a BBQ party for my friends sometime next month.
(来月のどこかで、友だちを集めてバーベキューパーティをします)

I'm having a BBQ party for my friends next Sunday.
(来週の日曜日、友だちを集めてバーベーキューパーティをします)

ニュアンスの違いを感じよう②

I'm going to go shopping next week.
(来週買い物に行くんです)

I'm having dinner with my boss tonight.
(今夜上司と食事をするんです)

「〜するかも」はmightを使う

「〜かもしれない」 と言うときには、**I might 〜**を使います。

たとえば、確実に電話するかどうかわからないけど、電話すると思うと言いたいときは、**I might call you tomorrow.**（明日、電話するかも……）と言います。なぜなら、**I'm going 〜**を使って、**I'm going to call you tomorrow.**と言うと「明日、電話するよ」という意味になり、電話をかけないと「昨日、電話くれるって言ってたじゃん！」と相手を怒らせてしまうかもしれないからです。

ニュアンスの違いを感じよう

What are you doing this weekend?
（今週末は何をするの？）

I'm going to go shopping.
（買い物に行くつもりだよ）

I might go shopping.
（［ちょっとわからないけど］買い物に行くかも）

「しなきゃいけない」はhave toで通じる

次の have to は、直訳すれば「しなければならない」ですから、学校では未来形としてではなく、助動詞として習います。しかし、**未来形の1つとして覚えたほうが、自然な英会話力が身に付きます**。

たとえば、下の例のように「未来の予定」だからと思って will を使っていると変なニュアンスになってしまうことがあります。この場合 will を使うと「行きたいけど仕事があって行けない」という真意が伝わらず、一方的に拒否したと受けとられてしまうのです。ですから、**したいけどできないというニュアンスを伝えるためには、しっかりと have to 〜を使いましょう**。

ニュアンスの違いを感じよう

Let's go to watch a movie tomorrow.
(明日、映画でも見に行こうよ)

I have to work tomorrow.
(明日は仕事なんです)

I will work tomorrow.
([あなたとは遊ばずに] 明日は仕事をするよ)[今、そう決めた]

「よし、〜するぞ！」はwillを使う

そして最後の I will 〜は、**「今、決めたこと」「今、思いついたこと」** です。**「約束」「宣言」** を表すときにも使います。

それでは、次の例文を見てみてください。同じ will を使っているのに、微妙にニュアンスが違いますね。

例文も参考にしながら、「自分だったらどんな場面で使うかな？」「この場合は、どの形を使えばいいかな？」と考えて文章を作ってみてください。

ニュアンスの違いを感じよう

I will study English everyday starting today!
（よし、今日から毎日勉強するぞ！）[宣言]

I will try not to forget.
（忘れないようにします）[約束]

I will bring the pictures tomorrow.
（じゃあ、明日、写真持ってくるね。）[今、思いついたこと]

未来形の例文

I'm going to go shopping.
(私は買い物に行く予定です)

I'm staying home.
(私は家にいる予定です)

I might call you later.
(あとで電話するかもしれません)

I will study English everyday.
(よし、英語を毎日勉強するぞ)

未来形の文を疑問文/否定文にしよう

未来形の疑問文

Are you going to go shopping?
(買い物に行く予定ですか？)

Are you staying home?
(家にいる予定ですか？)

Are you going to call me later?
(あとで連絡をくれますか？)

Are you going to study English?
(英語を勉強する予定ですか？)

未来形の否定文

I won't go shopping.
(私は買い物に行きません)

I won't stay home.
(私は家にいません)

I won't call you.
(あなたに電話をしません)

I won't study English.
(私は英語を勉強しません)

復習 4

現在進行形の使い方
意外と使える3つの使い方

現在進行形を使うとき

- 今まさに、○○している
- 最近、○○している
- 今は、一時的に○○している。

　ここまでくれば、よく使う文法はマスターしたも同然。残るは、たまに使う時制とあまり使わない時制です。

　すでに現在形でbe動詞のベースを身につけていますから、現在進行形はすぐにマスターできるでしょう。現在進行形とは、要するに**「動詞を使って状態を言い表す」**ための文法だからです。

　ではどんなときに現在進行形を使うのかというと、大きく分けて3つあります。

「今まさに〜している」という意味でしか覚えていないと、あまり現進行形を使う機会はないように感じるでしょう。でも、これから説明する3つがマスターできると、じつはかなり使える文法だと実感するはずです。

「今まさに、〜をしている」と言いたいとき

　まず「今まさに、〜をしています」と言う場合には現在進行形を使います。これは中学英語でも習いますよね。

　現在進行形は、be動詞 + ingです。先にbe動詞は「状態を表す動詞」と説明しましたね。

　I am a teacher. とか **I am happy.** とか、名詞と形容詞なら、そのままの形でbe動詞のあとに置くことができますが、動詞の場合はingをつけた形になる。これだけの話です。

　それでは、例を挙げておきましょう。

「今まさに〜している」の使い方

I'm reading Imran's new book.
（今まさに、イムランの新しい本を読んでいます）

I'm watching a movie.
（今まさに、映画を見ています）

I'm taking a bath.
（今まさに、風呂に入っています）

「最近、〜をしている」と言いたいとき

中学英語では習わなかったかもしれませんが、現在進行形は、今まさにそれをしている最中ではなくても、「最近〜をしている」と言うときにも使います。

じつはつい先ほど挙げた **I'm reading Imran's new book.** は、「今まさに読んでいる」という意味にも、「最近、読んでいる」という意味にもなります。

What are you reading?/What are you doing?/What are you reading recently? と聞かれたときも、答えは、**I'm reading Imran's new book.** で大丈夫です。

日本語でも「イムランの新しい本を読んでいます」と言えば、「今」と「最近」の両方の意味で取れますよね。それと同じというわけです。

「最近、〜をしている」の使い方

What are you reading recently?
(最近は何を読んでるの？)

I'm reading Imran's new book.
(イムランの新しい本を読んでいます)

「今は、一時的にしている」と言いたいとき

さて、現在進行形の使い方の3つめは、「一時的にしている」場合です。

前の2つに比べると使う頻度は少なくなりますが、現在形との使い分け方は覚えておいてください。

それでは例文を見てみましょう。

たとえば、「両親と住んでいる」と言うとき、上は今もこれからも変わらず両親と一緒に住む、というニュアンスですが、下の例だと、一時的な状態というニュアンスになります。来月から留学するので、先月ひとり暮らしのマンションを引き払って今は一時的に両親と住んでいる場合なども下の表現になります。

ニュアンスの違いを感じよう

I live with my parents.
（両親と住んでいます［これからもです］）

I'm living with my parents.
（今は、［一時的に］両親と住んでいます）

現在進行形の例文

I'm reading a book.
(今まさに、本を読んでいます)

I'm making breakfast.
(今まさに、朝食を作っているところです)

I'm studying English.
(今まさに、英語を勉強しています)

I'm living by myself.
(一時的に一人暮らししています)

現在進行形の文を疑問文/否定文にしよう

現在進行形の疑問文

Are you reading a book?
(本を読んでいるのですか？)

Are you making breakfast?
(朝食を作っているところですか？)

Are you studying English?
(英語を勉強しているのですか？)

Are you living by yourself?
(一時的に一人暮らししているのですか？)

現在進行形の否定文

I'm not reading a book.
(今は本を読んでいません)

I'm not making breakfast.
(今は朝食を作っていません)

I'm not studying English.
(今は英語の勉強をしていません)

I'm not living by myself.
(一時的に一人暮らししていません)

復習 5

現在完了形の使い方
3つのパターンをマスターしよう

現在完了形を使うとき

- ～したことがある（経験）
- もう～した（完了）
- もうこれくらいの期間～している（完了的な継続）

　現在完了形は、**have (has)** ＋過去分詞です。使い方は5つほどあるのですが、よく使うのは次の3つ。**「経験」「完了」「完了的な継続」**です。「経験」は「～したことがある」、「完了」は「もう～した」、「完了的な継続」は「もうこれくらい～している」です。実際の会話にすると、こんな感じです。

「現在完了形」と聞いただけで身構えてしまう人はきっと多いことでしょう。多くの日本人にとって現在完了形は難関のようですが、じつはすごく簡単です。学校で習った説明が無駄に深すぎて、混乱を生んでいるだけなのです。

　というわけで、身構えずに読んでみてください。

「〜したことがあるか」を聞きたいとき

国や地域に行ったことがあるかを聞くときは **have (has)+be** の過去分詞 **been** を使います。一方、国や地域以外の「行く」（**go shopping** など）は、普通に過去分詞 **gone** を使います。この使い分けはしっかり覚えましょう。あとは単純に **have (has)+** 過去分詞なので簡単です。現在形で尋ねられて答える場合、出だしだけが現在完了です。そのあとは、たいてい過去形、現在形、未来形がつづきます。**ずっと現在完了形で話すわけではないので、使う頻度は現在形・過去形・未来形と比べると少なくなります。**

経験を聞く会話

Have you ever been to NY?
（ニューヨークに行ったことがありますか？）

Yes, I have. I've been to NY twice. I went last year. I like NY very much.
（はい、あります。ニューヨークには2回、行ったことがあります。昨年に行きました。ニューヨークは大好きです）

No I haven't. Actually, I'm going to NY next month for the first time.
（いいえ、ありません。じつは来月、はじめてニューヨークに行きます）

「もう〜したか」を聞きたいとき

「完了」の場合は、**already** や **yet** を使うと習ったと思いますが、実際の会話ではニュアンスでだいたい伝わるので、たいていは省いてしまいます。

「もう〜したか」を聞きたい場合、たとえば「もうランチ食べた？」と聞きたいときも、**have (has)+** 過去分詞を使います。「〜したことがあるか」という経験を聞く会話のときと形はまるっきり一緒です。どちらの会話かは文脈で判断がつくはずです。ふつう「ランチ食べたことがありますか？」と聞かれるはずはないですからね。

完了したかを聞く会話

Have you watched the new movie?
(新しい映画はもう見ましたか？)

Yes, I have. It was great.
(はい、もう見ました。よかったですよ)

No, I haven't. I want to watch it.
(いいえ、まだ見ていません。見たいです)

No, I haven't. I'm going to watch it sometime next week.
(いいえ、まだ見ていません。来週のどこかに見に行くつもりです)

どれくらいの期間しているか言いたいとき

「継続」というと、過去から今まで続いていることですから、次項で説明する現在完了進行形を使いたくなるかもしれません。では厳密な使い分け方があるのかというと、それがないのです。

know のように現在完了形でしか使わない単語はいくつかあるのですが、実際によく使う単語としては、know だけ覚えておけば問題ありません。

意味はほぼ同じ

I have been living here for 2 years.
（ここには2年間住んでいます）

I have lived here for 2 years.
（ここに住んでもう2年になります）

---

knowの継続は現在完了形

○ How long have you known him?

× How long have you been knowing him?

（彼と知り合ってもうどれくらいですか？）

現在完了形の例文

I've been to Spain 3 times.
(スペインに3回行ったことがあります)

I've read all of Imran's books.
(イムランの本をすべて読んだことがあります)

I've watched the movie already.
(その映画はもう見ました)

I've already talked to him.
(もう彼と話しました)

現在完了形の文を疑問文/否定文にしよう

現在進行形の疑問文

Have you been to Spain?
(スペインに行ったことがありますか?)

Have you read any of Imran's books?
(イムランの本をどれか読んだことはありますか?)

Have you watched the new movie already?
(あの新しい映画はもう見ましたか?)

Have you talked to him directly?
(もう彼に直接話しましたか?)

現在進行形の否定文

I've never been to Spain.
(スペインには行ったことがありません)

I've never read Imran's books.
(私はイムランの本を読んだことがありません)

I haven't watched the new movie yet.
(あの新しい映画はまだ見ていません)

I haven't talked to him.
(まだ彼に話していません)

復習 6

現在完了進行形の使い方
使いこなせるとカッコイイ！

現在完了進行形を使うとき

- 〜して○○［期間］くらいになる
  （あのとき以来、〜している）
- 最近、〜している

「現在完了進行形」というのは、よくよく見るとちょっとおかしな言葉ですね。「完了」しているのに「進行形」とは矛盾しているようにも見えます。文法用語にとらわれると、ここでも迷いの元となりますから、やはり**日本語的な感覚に置き換え、使うシチュエーションを想定しながら覚えてしまいましょう。**

現在完了形は、**have (has)+been 〜 ing** です。進行形を表す be+ 動詞 ing 形の be 動詞の部分が、have とくっつくことで過去分詞 been に変化しているということですね。

使い方は主に２つ。１つは過去から今に至るまでの期間、言い換えれば継続性を示す場合です。

現在完了形と現在完了進行形はほとんど同じ

継続を示す使い方は、169ページで述べたように現在完了形で言っても現在完了進行形で言っても大して意味は変わらない、と説明した使い方です。学校でも、この使い方を真っ先に習ったのではないでしょうか。

意味はほぼ同じ

I have been living in Tokyo for 2 years.
（東京には2年間住んでいます）

I have been living in Tokyo since 2014.
（2014年から東京に住んでいます）

I have been living in Tokyo since 2 years ago.
（2年前から東京に住んでいます）

近況を聞くときも現在完了進行形を使う

ネイティブは相手の近況を聞くときにも現在完了進行形を使います。

たとえば、**Have you been studying English?**（［最近］英語勉強してる？）などです。「（久しぶりに会った相手に）前に会ったとき英語を勉強していたけど、最近はどうなの？」というニュアンスですね。

このように **How long** や **for ～** という「期間」の要素が抜けると、一転して **「最近～している」** の意味になります。文の最後に「最近」を意味する **recently** や **lately** を入れる場合もありますが、省くことも多いので「期間」の要素の有無で判断しましょう。

近況を伝える現在完了進行形の使い方

I have been studying English for 2 years.
（2年間、英語を勉強しています）

I have been studying English.
（［最近］英語を勉強しています）

Have you been playing golf?
（［最近］ゴルフをしていますか？）

ネイティブが使う表現を使いこなそう！

　近況を聞くときにネイティブが非常によく言うのが、**How have you been?**「最近どうしてた？」という表現です。たいていは誰かと久しぶりに会ったときに、**Long time no see!**（久しぶり！）と言ったあとにつづけます。「進行形なのに ing がない？」と思ったかもしれませんが、それは本来、**How have you been doing?** であるところ、ネイティブは doing を省いて言うことが多いからです。このように、**久しぶりに会った相手に近況を尋ねるときなどは現在完了進行形は重宝します**。Long time no see! How have you been? というだけで、かなり英語上級者に映るはずです。

使えるとカッコイイ表現

Long time no see! How have you been?
（ひさしぶりだね！　最近どう？）[最後に会ってからどうしてた？]

I've been OK.
（[あれからずっと] まあまあいい感じだよ）

I've been great.
（[あれ以来] すごく元気だったよ）

現在完了進行形の例文

I've been living there for 10 years.
(私はそこに10年住んでいます)

I've been working here for 20 years.
(私はここで20年働いています)

I've been playing golf for over 20 years.
(私は20年以上ゴルフをやっています)

I've been studying English for 1 year.
(私は1年英語の勉強をしています)

現在完了進行形の文を疑問文/否定文にしよう

現在進行形の疑問文

How long have you been living there?
(どれくらいそこに住んでいるのですか？)

How long have you been working here?
(どれくらいここで働いているのですか？)

How long have you been playing golf?
(どれくらいゴルフをやっているのですか？)

How long have you been studying English?
(どれくらい英語の勉強をしているのですか？)

現在進行形の否定文

I haven't been living there for so long.
(そこに住んでまだそう長くないです)

I haven't been working here for so long.
(ここで働いてまだそう長くないです)

I haven't been playing golf for so long.
(ゴルフをやり始めてまだそう長くないです)

I haven't been studying English for so long.
(英語の勉強を始めてまだそう長くないです)

復習7 過去進行形の使い方
使うシチュエーションは1つだけ

過去進行形を使うとき

● 過去のあるとき〜していた

過去進行形は、過去のあるポイントでしていたことを言うときに使います。よく使う状況を1つだけ覚えておけばOKです。過去進行形は、過去から現在まで状態が続いているときには使いません。そのときは現在完了進行形になるので、過去進行形は**「過去のあるポイント」限定**です。

過去進行形を使った会話

I called you last night but you didn't pick up. What were you doing?
(昨日電話したけど出なかったよね。何してたの？)

Oh, really? I think I was taking a shower.
(わぁ、そうなの？ ちょうどシャワーを浴びてたんだ)

過去進行形の例文

I was taking a shower.
（私はシャワーを浴びていました）

I was reading a book.
（私は本を読んでいました）

I was studying English.
（私は英語の勉強をしていました）

I was watching TV.
（私はテレビを見ていました）

過去進行形の文を疑問文/否定文にしよう

過去進行形の疑問文

Were you taking a shower?
（シャワーを浴びていたのですか？）

Were you reading a book?
（本を読んでいたのですか？）

Were you studying English?
（英語の勉強をしていたのですか？）

Were you watching TV?
（テレビを見ていたのですか？）

過去進行形の否定文

I wasn't taking a shower.
（私はシャワーを浴びていませんでした）

I wasn't reading a book.
（私は本を読んでいませんでした）

I wasn't studying English.
（私は英語の勉強をしていませんでした）

I wasn't watching TV.
（私はテレビを見ていませんでした）

復習 8

疑問詞の使い方
質問の幅を広げよう！

主に疑問詞を使うとき

- 理由を聞くとき
- 何かを聞くとき
- 場所を聞くとき
- 時間を聞くとき
- 誰が〜している（した）か聞くとき
- 誰のものか聞くとき
- どれが〜か聞くとき
- いかに〜か聞くとき
- いくつ〜か聞くとき
- 何回〜か聞くとき
- 値段がいくらか聞くとき

次に、疑問詞を使った疑問文です。疑問詞といえば５Ｗ１Ｈですが、実際の会話を想定すると、もう少し多くなります。まず、覚えておきたい疑問詞は182ページの上から11個めまで。これらに183ページの右側２つのブロックの

言葉を組み合わせれば、たいていのことが質問できます。

　もちろん、主語が変われば be 動詞なども変わりますが、これらを基本形として覚えておきましょう。

いろいろな疑問詞

Why　なぜ

What　何

Where　どこ

When　いつ

Who　誰

Whose　誰の

Which　どれ

How　いかに

How many　いくつ

How many times　何回

How much　値段がいくらか

How old　何才（または、どのくらい古いか）

How far　どのくらいの距離

How tall　どのくらいの身長（または、高さ）

How long　どのくらいの長さ（または、どれくらいの時間）

What kind of　どういう種類の

疑問詞を使った疑問文の作り方

疑問詞	助動詞部分	続く形
Why ［なぜ］		
What ［何］		
Where ［どこ］		
When ［いつ］	are you / were you	動詞ing または形容詞
Who ［誰］		
Whose ［誰の］		
Which ［どれ］	do you / did you	動詞
How ［いかに］		
How many ［いくつ］		
How many times ［何回］		
How much ［いくら］		

第4章 もう文法で迷わない！ 話すための中学英語の復習

会話をつなげる疑問詞をマスターしよう！

　疑問詞を使った質問が頭に入っていると、相手から尋ねられていることを正しく理解できるようになります。それに、自分から尋ねることができる幅も一気に広がります。いわば、会話で相手に投げる「タマ数」が増えるので、もっと会話が続きやすくなるというわけです。

疑問詞の使い方の例

Why did you go there?
（なぜそこに行ったのですか？）

What did you eat?
（何を食べたのですか？）

Where did you stay?
（どこに滞在したのですか？）

When did you come back?
（いつ帰ってきたのですか？）

Who did you go with?
（誰と一緒に行ったのですか？）

復習 9

助動詞の使い方
ニュアンスの違いに要注意！

主に助動詞を使うとき

- したほうがよい（すべき）
- （もし私だったら）〜する
- ぜひ〜したい
- もし可能なら〜したい
- 〜されたいですか？（丁寧表現）
- 〜してもいいですか？ 〜してもよろしいでしょうか？
- 〜したほうがいい（〜しないとマズいことになる）

　中学英語の勉強で、「助動詞でつまずいた……」という人も多いかもしれません。同じ would でも「私だったら〜する」になったり「ぜひ」になるなど、くっつく単語によって意味がガラリと変わります。1つひとつの意味を単語のように覚えるより、セットにして、シチュエーションで覚えたほうがすんなりマスターできます。これで、助動詞でも「中学英語」が「使える英語」に一気に変わります。

覚えておきたい助動詞

should	〜したほうがよい(すべき)
would	〜（もし私だったら）〜する
would love to	〜ぜひ〜したい
would like to	〜もし可能なら〜したい
Would you like to 〜 ?	〜されたいですか？（丁寧表現）
Can I 〜 ?	〜してもいいですか？
May I 〜 ?	〜してもよろしいでしょうか
had better 〜	〜したほうがいい（〜しないとマズいことになる）
Could/Can you 〜 ?	〜してもらえますか？
may/might 〜	〜するかもしれない

「〜したほうがいい」はshouldを使う

ではひとつずつ、ざっと説明していきましょう。

まずshouldは「〜したほうがいい」という意味。中学校では「〜すべきだ」と習うと思いますが、この意味合いも含みます。

日本語でも、たとえば「警察を呼ぶべきだ」というシチュエーションで「警察を呼んだほうがいいよ」なんていいますよね。言葉としては「〜したほうがいい」ですが、緊迫した「すべき」というニュアンスも含んでいます。

shouldもこれとまったく同じで、「警察を呼ばなくちゃ」という緊迫したシチュエーションでも We should call the police. といったりするのです。

ほかにも You should go home.（もう帰ったほうがいいよ）といえば、やや「帰らなくちゃ」というニュアンスを帯びます。

このようにshouldは、日本語と同じく「〜したほうがいい」という意味に「〜すべき」が含まれていると覚えてください。

wouldだけで「私だったら〜する」を表現できる

wouldの使い方は一見、複雑ですが、シチュエーションで覚えれば簡単です。

まず単独のwouldは、「もし私だったら〜する」、つまり仮定の話をしています。仮定法なのに、なぜif［もし］が入っていないのか、不思議に思ったかもしれませんね。たしかにIf I were you（もし私があなただったら）と付け加えるときもありますが、wouldにifの意味が含まれているので、たいていは省いてしまいます。What would you do?（あなただったらどうしますか？）と疑問形にして聞くこともあります。

「私だったら〜する」を使った会話

There is this guy, who is trying to make a move on my girlfriend.
（ガールフレンドにちょっかい出してくる男がいてさ……）

Really? I would punch him in the face.
（ほんとに？　僕だったら彼を殴っちゃうよ）

「ぜひ〜したい」もwouldで言える

2つめのwouldの使い方は、「ぜひ〜したい」という意味のwould love to 〜です。

たとえば、Let's go to Okinawa together.（一緒に沖縄に行こうよ）と言われて、「はい、ぜひ行きたいです」と答える場合にはYes, I'd love to. となりますね。

なかにはwouldを使うと丁寧になると教わった人もいると思いますが、先の例だと、いわば「誘ってもらえるのなら、ぜひ一緒に行きたいです」という気持ちです。would love to 〜は「そうしてもらえるのであれば、ぜひそうしたいです」といったニュアンスなので、こう言ったからといって丁寧な印象になるわけではありません。

「ぜひ〜したい」の言い方

I would love to go with you.
（ぜひ、一緒に行きたいです）

I would love to talk to him directly.
（ぜひ、彼と直接話したいです）

I would love to invite him.
（ぜひ、彼を呼びたいです）

ひかえめな要望はwouldで表現する

3つめの would の使い方 would like to 〜は「もし可能なら〜したい」と言うときに使います。

これこそ、丁寧表現として習った人が多いのではないでしょうか。でも、**would like to** そのものには丁寧な意味はありません。ただ、ちょっと遠慮がちなニュアンスになるだけなので、「もし可能なら〜したい」という意味で理解しておいたほうがネイティブの感覚に近くなります。

次のページでは、この would like to 〜の使い方のよくない例を紹介しています。どういうときに、「もし可能なら〜したい」と言うか、シチュエーションを意識して使うようにしてください。

ひかえめなwouldの使い方

I'd like to talk to you in private.
(もし可能なら、あなたと個人的にお話がしたいのですが)

I'd like to leave early today.
(今日は早めに帰らせていただきたいのですが)

I'd like to consider another job.
(違う仕事を検討させていただきたいです)

状況に合わない丁寧表現は相手を困らせる

たとえば、会社をやめたいと上司に言うときには、**I'd like to quit.**（やめたいです）を使います。上司は、あなたが会社を辞めることに直接関係する人ですから、「じつは転職を考えていまして、できれば、やめさせていただきたいんです」という含みを持たせつつ言うのは当たり前ですね。

でも、単なる知り合いに「仕事をやめたいです」と言うときに **I'd like to quit.** と言うのは、かなり変です。あなたの仕事には何の関係もないのに、「もし可能ならば」とお伺いを立てる感じになるからです。

こういうときは、知り合いがたとえ目上の人であっても、**I want to quit.** と言えばいいのです。**want** は幼稚な表現だと教える先生もいるようですが、それはシチュエーションによります。

このことから、ハンバーガーショップで注文する際に次のような言い方をするのも変だとわかるでしょう。

いまいちな会話

I'd like to have the cheeseburger.
（もし可能であれば、チーズバーガーを食べたいのですが）

> ……Okay. Of course.
> (も……もちろん可能ですよ)

　ここは **I'll have the cheeseburger.**（私はチーズバーガーにします）で OK です。ただ、自分の好みに合わせて味や調理法を変えてほしいという条件をつけるときは、**would like to** を使ってください。

自然な会話

> **I'd like to have the cheeseburger without the onions.**
> （玉ねぎ抜きのチーズバーガーを食べたいのですが）

> **Sure.**
> （わかりました）

I'd like to have the cheeseburger.
もし可能であるならばチーズバーガーをいただきたいのですが……

Okay... of course.

Would you like to 〜？は店員が使う

Would の最後、Would you like to 〜？は「〜されたいですか？」という意味。

ここでようやく would を使った丁寧表現の登場です。といっても、これは主に**店員がお客に向かって使うもの**と思ってください。

まだ仲良くなっていない相手に Would you like something to drink? などと言う場合もありますが、これは「何か飲み物でもいかがですか？」という感じです。近しい相手に突然、こんな言い方をしたら「ちょっと、どうしたの？」と変に思われてしまうでしょう。たいていは Do you want to drink something?（何か飲む？）でいいのです。

> ### 「〜されたいですか？」の言い方
>
> **Would you like to wait here?**
> （こちらでお待ちになりますか？）
>
> **Would you like to leave a massage?**
> （伝言を残されますか？）
>
> **Would you like a blanket?**
> （ブランケットをお使いになられますか？）

混同しやすいCan I～？とMay I～？の使い方

　次のmayとmightはどちらも同じ、「～するかもしれない」という意味です。たとえば、「電話をするかも」と言うとき、**I might call you tomorrow.** でも **I may call you tomorrow.** でもOKです。

　ただし、同じmayでも次の**May I～？**となると「～してもよろしいですか？」という意味になります。これは「許可を求める助動詞」として習った覚えのある方も多いでしょう。

　許可を求める表現には**Can I～？**という言い方もありますが、**May I～？のほうが、やや丁寧な意味あいになることもあります**。たとえば授業中に生徒がトイレに行きたくなったら、先生に **May I go to the bathroom?**（トイレに行ってもよろしいですか？）、大学の教授の部屋に入るときには **May I come in?**（入ってもよろしいですか？）と言います。

　そしてこれも、上記の場合をのぞきやはり店員がお客に向かってよく使う表現です。お店で困った様子の外国人に話しかけるときには、**May I help you?** と言うと、店員だと思われますし、場所が駅であれば、駅員だと思われます。ですから、気軽に **Can I help you?** と声をかけてあげましょう。

had betterは危機感を強く伝える表現

　いよいよ助動詞の最後です。**had better** 〜は「〜したほうがいい」という意味よりも、「そうしないとまずいよ、やばいよ」と言うときに使います。

　中学校では、おそらく「おすすめするときの助動詞」と教わることが多いと思いますが、ネイティブにとっては**かなり圧力のある言い方**です。

「〜したほうがいい」という表面的な意味だけで覚えていると、おかしな会話をくり広げることになりかねません。**had better は、よほど強く相手に言いたいときでない限り使わないようにしましょう**。

　たとえば彼女とケンカしたという友だちに、**You'd better call her before it's too late.** といえば、「手遅れになる前に電話したほうがいいよ（しないと別れることになっちゃうよ）」と言っていることになりますね。

　このニュアンスを理解しておかないと、次のようなおかしな会話をする可能性があります。単におもしろい本を「おすすめ」しているつもりでも、「この本を読まないとまずいことになるよ」「この本を読まなければどうなるかわかっているんだろうな」というようなニュアンスで伝わってしまい、相手の外国人を困惑させてしまいます。

いまいちな会話

What did you do last weekend?
(週末は何をしたの？)

I read a very good book. You had better read the book.
(すごくいい本を読んだんだ。読まないとまずいことになるよ)

Oh, okay…why?
(へえ、[そんなに私に必要な本なのか]……なぜ？)

Because it's interesting.
(おもしろいからだよ)

You had better read this book.
手遅れになる前にこの本を読みなよ

Oh, okay… why?

動名詞／不定詞の使い方

to と ing の違いを意識しよう！

動名詞／不定詞をよく使う単語

- start
- continue
- like
- hate
- prefer
- enjoy

　動名詞は動詞 + ing、不定詞は to +動詞で、どちらも、動詞を「名詞化」したもの。ここまではなんとなく理解していても、「どちらを使ったらいいのか迷う」という声もたくさん聞きます。中学校では「どちらでもいい」と教わった人もいるでしょう。

　最初に言ってしまうと、動名詞と不定詞の使い分けに、厳密なルールはありません。どちらでもいい場合もありますし、どちらかしか使わない場合もあります。ネイティブは、そこを感覚的に使い分けています。

日本語でも「どうしてこうなるの？」と聞かれたら「うーんと、そういうものだから」としか言えないもの、ありますよね。
　ですから、ここでは特にルール化はせず、**よく使う動名詞と不定詞を覚えてしまいましょう**。英語を話すことが1番の目的ですから、「そういうもの」としか言えないものは、「そういうもの」として頭に入れてしまったほうが、ずっと手っ取り早く上達できます。

　ではよく使う動名詞と不定詞とは何か、というと次の6つだけ。もちろん挙げだしたらキリがありませんが、日常会話を話すうえでは、これだけ覚えておけば十分です。
　これは本当に感覚的なものなので、ここで一気に覚えてしまいましょう。自分でも、たくさん文章を作ってみてください。

覚えておきたい動名詞

● start 〜 ing

I started studying English yesterday.
（私は昨日、英語を勉強し始めました）

● continue 〜 ing

He continued talking.
（彼は話しつづけました）

● like 〜 ing/to 〜

I like reading.
（私は読書が好きです）

I like to read magazines.
（私は雑誌を読むのが好きです）

● hate 〜 ing

I hate flying.
（私は飛行機が嫌いです）

● prefer to 〜

I prefer to stay home.
（家にいるほうが好きです）

● enjoy 〜 ing

I enjoy watching comedy shows.
（お笑い番組を見るのが好きです）

復習 11

比較表現の使い方
好みを伝えるときに使える！

よく使う比較表現

- AよりBのほうが〜です
- Aが1番〜です
- Aと同じくらいBは〜です

　比較表現は、当然ながら「比較の対象」があってはじめて成り立つ文法です。日本の英語教科書では、よく比較級、最上級の使い方がざっと9つくらい載っているのを目にしますが、ネイティブが見ると、その半分以上は「いつ言うんだ？」というものです。**3つの使い方だけ覚えておけば、まず困ることはありません**。

　比較級は基本的に形容詞の末尾に **er**、最上級は基本的に形容詞の末尾に **est** をつけます。次のページの例を見てもわかるように、**interesting** など長めの形容詞の場合は、比較級では **more**、最上級では **most** を前につけます。

　また、「〜することより〜することが好き」と言うときには、動詞に ing をつけて動名詞にするだけです。

覚えておきたい比較の表現

● AよりBのほうが〜です。

I like sea urchin better than salmon roe.
(イクラよりウニのほうが好きです)

English is more interesting than Swahili.
(英語はスワヒリ語よりおもしろいです)

I like staying home better than going out.
(外出するより家にいるほうが好きです)

● Aが1番〜です。

I like sea urchin the best among sushi.
(寿司のなかではウニが1番好きです)

English is the most interesting.
(英語が1番おもしろいです)

I like staying home the best.
(家にいるのが1番好きです)

● Aと同じくらいBは〜です。

I like sea urchin as much as salmon roe.
(イクラと同じくらいウニが好きです)

English is as interesting as Swahili.
(スワヒリと同じくらい英語はおもしろいです)

I like staying home as much as going out.
(外出するのと同じくらい家にいるのが好きです)

復習
12

接続詞の使い方
使いこなせると長く話せる！

接続詞を使うとき

- 〜だから
- しかし〜
- そして〜
- 〜と

　本書の最初のほうで、「英語は説明の言語である」とお話ししましたが、**接続詞の役割は、まさに説明を増やして会話の幅を広げること**。使いこなすほど、会話も弾みます。

　きっと、接続詞でも「たくさん頭につめ込んだけれど、使い道がイマイチ……」という人は多いと思います。論文を書くなら話は別ですが、日常会話で使う接続詞はたったの４つ。じつは**because/but/so/and**だけ覚えておけば十分なのです。

　butとsoは、言いたい内容によっては使えないこともありますが、becauseとandは、ほぼ何にでもつけられます。

　自分のすることには、すべて理由（because〜）がある

はずですし、and は単に並列の情報を加えていけばいいだけだからです。そこで「becauseを入れなくちゃ」「andを入れよう」と、なかば自分に強制してしまえば、一生懸命、理由や並列情報を考えますよね。

　あらかじめ「接続詞を使おう」というつもりでいれば、どうしても会話が途切れ途切れになってしまうという悩みも一気に解消するでしょう。

　これから挙げていく文章のなかには、長文に見えるものもあると思いますが、実際には、ごく短い文章を接続詞でつないでいるだけです。**接続詞を意識すると、自動的に、より長く話すことができる**のです。ですから、接続詞は覚えておくだけでなく、「必ず入れよう」と思って話しましょう。

　接続詞を使う意識ひとつで、自分を「より多く話すように」仕向けること。これが上達の一番のコツなのです。

よく使う接続詞

because　〜だから
but　しかし〜
so　そして〜
and　〜と

理由を言いたいときはbeauseを使おう

まず because からいきましょう。前にも、英会話では質問されているつもりで、とくに why に答えるつもりで話すことが大切だと言いました。そこで because の出番です。

出来事や事実をただ述べるだけでは、相手は「あ、そう？」という感じになりますが、これに because をつなげて理由を言いそえるだけで、もっと会話が広がります。

相手により多くの説明を与えることになり、それが次の会話の糸口になるわけです。

---

because の使い方の例

I watched a movie called "The Matrix" yesterday, because it looked interesting.
（昨日、『マトリックス』という映画を見ました。なぜなら、おもしろそうだったからです）

I had dinner with my friend because she wanted to talk about something important.
（私は友人と夕食をとりました。というのも、彼女が何か大切なことを話したがっていたからです）

それまでの話と逆を言いたいときはbutを使う

次の but は、多くの方がご存じの通り「でも」という逆接の意味ですね。今まで言っていたことと逆のことを言いたいときに使います。

使いこなせば、説明の幅が広がりますね。自分のエピソードを話すときなどに活用できる接続詞です。では、下の例文を見て、自分ならどのように but を使って話すかシミュレーションしてみましょう。

---

butの使い方の例

I watched a movie called "The Matrix", but I didn't like it.
(『マトリックス』という映画を見たのですが、私は好きではありませんでした［おもしろくなかったです］)

I went to an expensive restaurant, but their food was not so good.
(私は高級レストランに行ったのですが、そこの食事はそんなにおいしいものではありませんでした)

soのいろいろな使い方

次の so は、「だから」という意味です。先に言ったことに対して、どう変わったか、どうなったのかという結果を言うときに使います。

so は but とセットで使うこともよくあります。ここでも、自分ならどのように so を使うか、エピソードを作ってシミュレーションしてみましょう。but と一緒に使いこなせるようになると、かなり話しやすくなるはずです。

soの使い方の例

I watched a movie called "The Matrix" yesterday, but I didn't like it, so I'm watching another action movie this Sunday.
(昨日『マトリックス』という映画を見たのですが、あまり好きではありませんでした。だから今週の日曜日に、別のアクション映画を見ます)

I wanted to go to Disneyland, but it started raining, so I went to karaoke instead.
(私はディズニーランドに行きたかったのですが、雨が降り始めました。だから代わりにカラオケに行きました)

andの使い方

最後の and も、みなさんお馴染みでしょう。「そして」と覚えていると思いますが、それだとちょっと大げさです。単に「〜して、〜した」あるいは「〜したら、こうなった」というくらいに、もっと軽くとらえてください。

この程度に軽く「and を入れて話そう」と意識すると、おのずとより多く説明することになります。

andの使い方の例

I went there and cooked for him.
（そこに行って、彼に料理を作りました）

I met him and returned his things to him.
（彼に会い、彼に私物を返しました）

I called him and told him about the homework.
（彼に電話して、宿題のこと言っておいたよ）

I took a shower and went straight to bed.
（シャワーを浴びて、すぐに寝ました）

第4章 もう文法で迷わない！ 話すための中学英語の復習

復習 13

命令形の使い方
意外と知らない4つのニュアンス

命令形を使うとき

- お願いするとき
- アドバイス・忠告

命令文というと「〜しろ！」「〜するな！」というふうに強く何かを指示したり、禁止したりする場面が思い浮かぶでしょう。もちろん、その意味で使うこともあるのですが、もう少しソフトな **「アドバイス・忠告」の意味合いでも、よく使います**。

たとえば、本屋で一緒に歩いていて、相手がある本を手に取りました。あなたはその本をおもしろくないと思っていて、「それ、読まないほうがいいよ」と言うときには **Don't read that book.** です。忠告の意味合いで、**Don't trust him.**（彼を信用しないほうがいいよ）などと言うときもあります。形は命令形ですが、この場合は、決して「読むな！」「信用するな！」と命令しているわけではありま

せん。

　一方、目の前に腐った牛乳を飲もうとしている人がいたら Don't drink that milk!（その牛乳は飲んじゃダメ！）と言います。これだとアドバイスより強いニュアンスになりますね。子どもに注意するときなども、たとえば Don't be nasty to your brother.（弟に意地悪しちゃダメ）Stop it!（やめなさい！）と言ったりします。

　命令形は、そこまで頻繁に使うわけではありませんが、ニュアンスは**アドバイス・忠告から命令・禁止まで幅広い**と覚えておきましょう。

ニュアンスで使い分けたい命令形

Don't trust him.
（彼を信用しないほうがいいよ）［忠告］

Don't read that book.
（その本読まないほうがいいよ）［アドバイス］

Make these photocopies of this.
（このコピーをとってきて）［命令］

Don't drink that milk!
（その牛乳は飲んじゃダメ！）［禁止］

復習 14

受動態の使い方
歴史的事実・かしこまった状況で使う

受動態を使うとき

- 歴史的事実を言うとき
- かしこまったことを言うとき

　最後に、受動態についても少し説明しておきましょう。「〜する」という能動態に対して、「〜される」という受動態は be ＋過去分詞と習いましたね。中学英語では必須項目ですが、ネイティブが頻繁に使うかというとそうではありません。使う状況はかなり限られています。

　英語の練習問題で、ひたすら機械的に能動態から受動態に置き換える練習をやった人も、たくさんいると思います。でも、思い返してみれば、そのほとんどが「こんな言い方、いつするんだろう？」というものではありませんでしたか？

　やはり日本語の感覚に置き換えて、実際に使うシチュエーションに合わせて考えれば、使う場面すら思いつかない英文の練習に時間を使わずに済みますね。

使う状況はかなり限られる

たとえば、**The car was repaired by Imran.** という文章があります。ふだんは、「この車はイムランによって修理された」というような言い方はしませんよね。

一方、金閣寺について説明するときなどは、「足利義満は金閣寺を建てた」と言うより、「金閣寺は足利義満によって建てられた」と言ったほうがしっくりきますよね。その場合は、英語でも **Kinkakuji was built by Yoshimitsu Ashikaga.** と言います。

また、仕事で使用するレポートなどでも、受動態が使われます。

これは日本語では受動態で言いませんが、「京都には毎年大勢の観光客が訪れます」と言うなら、**Many tourists visit Kyoto every year.** より、**Kyoto is visited by many tourist every year.** と言ったほうが、それらしい雰囲気になります。

受動態にすると一気に仰々しい印象になりますが、言い換えれば、**仰々しく言う必要があるときが受動態の出番**ということです。

第4章
まとめ

- ネイティブは、後ろに情報を足して話している
- まずは、よく使う4つの時制をマスターしよう
- 動詞はあとの単語とセットで覚えよう
- be動詞と一般動詞の違いを意識しよう
- 未来形は5つのニュアンスをマスターしよう
- 「今」も「最近」も、現在進行形で表現できる
- 過去の一点を言うときのみ過去進行形を使おう
- 疑問詞をマスターして質問の幅を広げよう
- 状況に合わせて、助動詞を使い分けよう
- 動名詞/不定詞はよく使う表現だけ覚えよう
- 比較をマスターして好みを言えるようにしよう
- 接続詞を使って長く話す練習をしよう

おわりに

こんばんは、イムランです。

いかがでしたか。15分間であれば、外国人と話せる気がしませんか。「英会話」というのは、要は「説明」なのです。

今まであなたはできるだけ簡潔にまとめて英語を話そうとしていたと思います。でも、それがそもそもの間違いだということはおわかりいただけたと思います。
　英語は説明の言語であり、コミュニケーションとは相手と自分の情報及び感情の共有が目的なのです。情報も感情も乏しければ、それはもうコミュニケーションとは言えません。

この本では、あなたが日本語で話すのと同じ、もしくは日本語で話すときよりも多くの説明や情報を含めて話せるようになる方法をお教えしました。
　あとは、その方法を実践して、練習して、準備をして、外国人との会話に挑んでください。

実践も、練習も、準備も「めんどくさい」と思っている

方が多いでしょう。日常会話でよく使う英語表現だけ教えてくれれば、てきとうに会話するからさと思っている方も多いかもしれません。

しかし、ちょっと立ち止まって考えてみてください。

「日常会話でよく使う日本語だけ教えてよ。そしたら、てきとうに日本人と話すからさ」と思っている外国人がいたら、あなたは会話をしたいですか？
きっと話したくないですよね。
くり返しになりますが、「情報」と「感情」の共有を通じて相互理解を深めてこそ、コミュニケーションであり、会話です。この本を通してそれがあなたに伝わっていればうれしい限りです。

そして、最後にもう１つ。
ここまで読んでいただいたあなたに伝えたいことがあります。

それは、「英語は友達」ということです。

今まで知らなかった英語表現に出会うと、多くの人は困惑します。

「こんなに英語を勉強してきたのに、まだわからない英語がある」
「こんなに簡単な単語で構成されているのに、知らない、わからない。ああ、英語学習は終着駅のまったく見えない旅なのだな……」
　と思って肩を落とす方も多いでしょう。

　しかし、違うのです。
　あなたが知らなかった英単語や英語表現は、これからあなたの英会話を助けてくれる新たな友達です。
　今まではその友達がいなかったから、言いたいことが表現できなかった。でも、今はその新しい友達がいるから、表現しえなかったことを表現できるのです。今まで知らなかった、その英単語や英語表現がいるから、表現しえなかったことを表現できるようになっているのです。

　これからは知らない英語を見かけたら、にっくき敵ではなく、英語の旅を助けてくれる友達だと思ってください。そして、たくさんの友達を連れて、楽しい英語学習の旅をつづけてください。

　アディオス・アミーゴ。
　またどこかでお会いしましょう。

いや、もう会わないで済むなら、そっちの方がいいですね。

　　　　　　　　　　　　　　　　　　　　イムラン

イムラン・スィディキ
Imran Siddiqui

1976年生まれ。コペル英会話教室校長。

上智大学大学院時代に様々な英会話スクールで教え、超人気講師になる。卒業後、中央青山監査法人に就職するも英語教育への熱意が冷めず、2003年にコペル英会話教室を創立。mixiコミュニティ「英語英会話一日一言」の登録者は10万人を超え、現在自身のアプリは25万ダウンロード達成。YouTubeチャンネルも持っており再生回数は1000万回を超える。英語の細かいニュアンスから発音まで、丁寧にユーモアを交えながら解説した配信動画がわかりやすいと大評判になっている。

主な著書に、『これを読むまで英語はあきらめないでください！』(大和書房)『ホームステイの英会話リアル表現BOOK』(ナツメ社)『人気バイリンガル講師イムラン先生のネイティブにきちんと伝わる英会話レッスン』(明日香出版社)『一日一言英会話が続くサーブ＆レシーブトレーニング』(KADOKAWA)『英語は一日一言覚えれば話せます』(クリタ舎)などがある。

● コペル英会話教室
http://www.coper.biz/

外国人と15分以上話がとぎれない英会話レッスン

2016年11月7日　初版発行

著　者	イムラン・スィディキ
発行者	野村　直克
発行所	総合法令出版株式会社
	〒103-0001
	東京都中央区日本橋小伝馬町15-18
	ユニゾ小伝馬町ビル9階
	電話　03-5623-5121
印刷・製本	中央精版印刷株式会社

©Imran Siddiqui 2016 Printed in Japan　ISBN978-4-86280-526-3
落丁・乱丁本はお取替えいたします。
総合法令出版ホームページ　http://www.horei.com/

本書の表紙、写真、イラスト、本文はすべて著作権法で保護されています。
著作権法で定められた例外を除き、これらを許諾なしに複写、コピー、印刷物
やインターネットのWebサイト、メール等に転載することは違法となります。

視覚障害その他の理由で活字のままでこの本を利用出来ない人のために、営利を目的とする場合を除き「録音図書」「点字図書」「拡大図書」等の製作をすることを認めます。その際は著作権者、または、出版社までご連絡ください。

好評既刊

TOEIC満点の心理カウンセラーが教える
自分を操る英語勉強法

岩瀬晃 著　定価1,200円+税

多くのコーチングやカウンセリングの基礎となっている、最新の心理学「NLP（神経言語プログラミング）」の理論を活用し、「英語がいつまでも話せない理由」「英語がペラペラになるために必要なものはなにか」「どのような学習方法をとればいいのか」を解説。どんな人でも、ラクに楽しく"英語ペラペラ"になれる手法を解説しています。

好評既刊

マンガで楽しく学べる
ネイティブにちゃんと伝わる英語フレーズ

ヨーク水砂子 文／佐藤政 マンガ　定価1,200円＋税

カズオ＆アマンダ、ブライアン＆カズミ、アンドリュー＆エイコ、ヒデオ＆ジェシカという4組の国際カップルが同時進行で織りなすラブストーリーを軸に、カジュアルなネイティブの英語表現を楽しく学べるコミック。役立つ表現やボキャブラリー、著者自身の英語学習コラムも多数掲載。音声を収録したCD付き。

好評既刊

ねこと一緒に学ぶ毎日の英会話

清水建二 著　定価 1,200 円 + 税

かわいいねこと一緒なら、苦手な英語も覚えられる！　毎日のちょっとした会話を英語で表現。あいさつや外出シーン、友だちや意中の相手を誘うセリフ、ふだんの生活、オフィス、とっさの表現など、バラエティ豊かに楽しめる1冊。持ち歩きやすい特殊サイズなので、いつもバッグに入れて持ち歩いて、楽しく英語を覚えましょう。

サイン欄

この本を読み終わったら、ここに私のサインをもらいに来てください。お会いできるのを楽しみにしています！